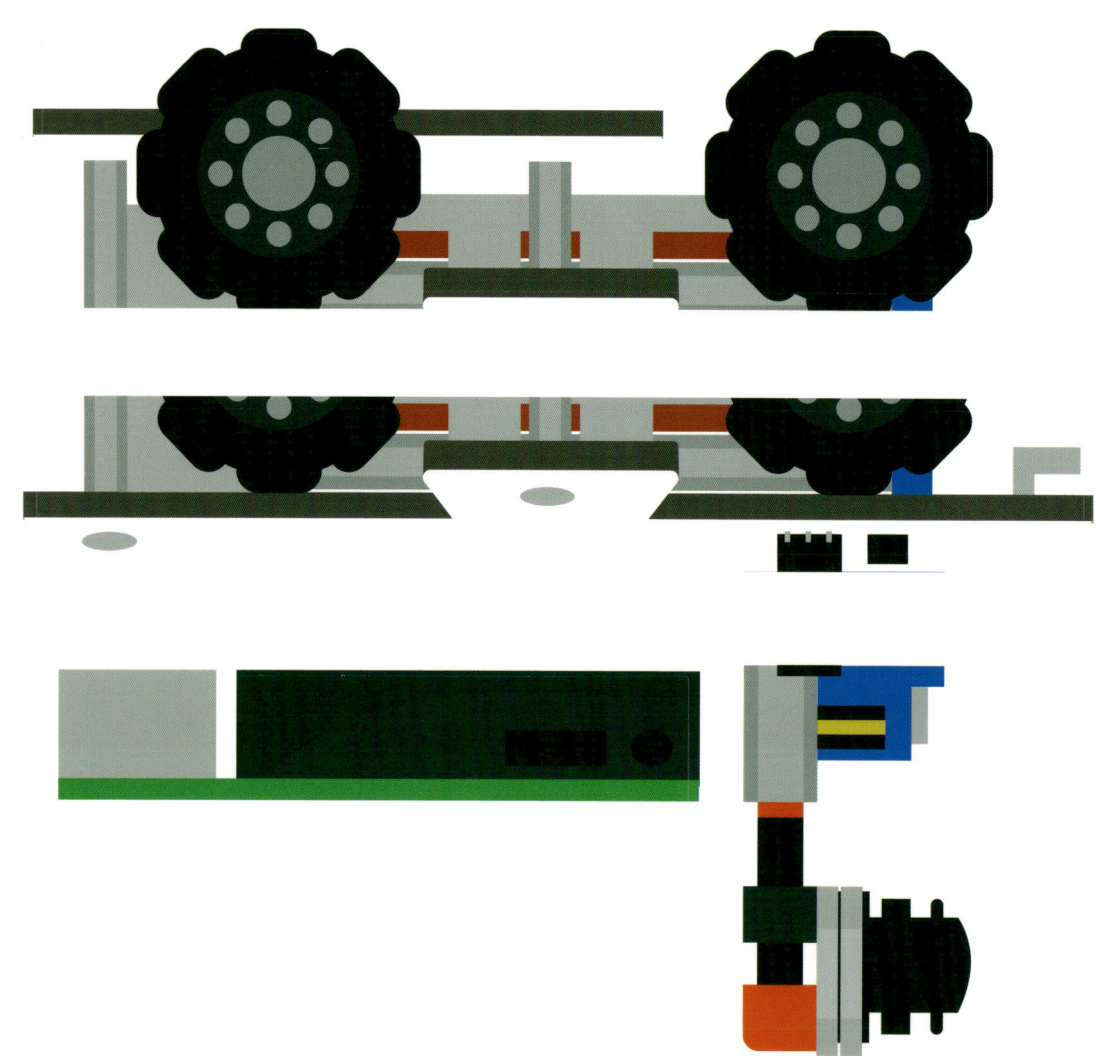

· 아래 완성 사진

내 손으로 만들며 배우는 딥러닝 첫번째 이야기

 Feat. 딥코 봇 (DEEPCO BOT)

이미지 인식과 자율주행

Dive deep into Deep Learning!

UBION

머릿말

    4년 전, 전주발명센터에서 파견교사로 근무하며 다양한 학생들에게 인공지능 교육을 진행했습니다. 그 과정에서 깨달은 것 중 하나는 학생들이 인공지능에 대해 막연한 두려움이 있다는 것이었습니다. 이러한 두려움을 해소하는 것이 인공지능 교육의 핵심 역할이라고 생각했습니다. 현재의 인공지능 교육은 몇 가지 큰 한계를 가지고 있습니다. 교육이 과도하게 코딩에 중점을 두고 있으며, 주로 완성된 인공지능 모델의 체험과 활용에만 초점을 맞추다보니, 학생들이 인공지능의 본질과 원리에 대한 깊은 이해를 얻기 어렵습니다.

    카이스트 전산학부의 오혜연 박사님의 세바시 강연을 접하고 나서 모든 것이 바뀌었습니다. 강연에서 교수님은 인공지능의 '목적함수', '학습', 그리고 '일반화'라는 세 가지 중요한 개념을 소개하셨습니다. 이 개념들은 인공지능이 어떻게 '학습하고', '적용하고', '새로운 문제에 대처하는지'를 명확하게 이해하는 데 꼭 필요한 것들이었습니다. 교수님의 말에 따르면, 이러한 원리를 정확히 파악하고 우리가 원하는 방향으로 이용할 수 있을 때, 비로소 우리는 인공지능의 '주인'이 될 수 있다고 하셨습니다.

    이 강연이 주는 깊은 인사이트에 힘입어, 제가 원하는 '진정한 인공지능 교육'을 어떻게 구현할 수 있을까 고민하던 중, 유비온의 '딥코봇'이라는 교육용 교구를 발견했습니다. 딥코봇은 단순한 코딩 교육을 넘어서, 실제로 딥러닝 알고리즘과 이미지 인식 기반의 자율주행을 직접 체험하고 이해할 수 있게 해주는, 테슬라의 오토파일럿과 같은 고급 기술을 담고 있었습니다. 게다가 학생들은 인공신경망 설계부터 기계 학습 과정까지 직접 체험하고 이해할 수 있었습니다.

　딥코봇을 학교 교육에 적용하는 과정은 쉽지 않았습니다. 초기에는 많은 문제점이 있었으나, 그동안 쌓아온 교육 경험을 바탕으로 지속적인 피드백과 개선을 거쳐, 이제는 학교에서도 적용할 수 있는 수준까지 완성도를 높였습니다. 또한, 딥러닝의 복잡한 이론을 초등학생도 이해할 수 있게 쉽고 재미있는 방식으로 교재를 구성했습니다.

　최근에는 챗GPT와 같은 생성형 인공지능이 등장하면서, 인공지능이 우리 삶의 여러 분야에 빠르게 퍼져가고 있습니다. 이러한 발전은 흥미롭지만, 동시에 미래에 인공지능이 우리의 삶과 어떻게 상호작용할지, 또는 우리를 대체할 수도 있지 않을까 하는 불안감을 더해주기도 합니다. 그래서 지금이야말로, 오혜연 박사님의 말처럼, 인공지능의 '주인'이 되기 위한 준비를 해야 할 때입니다.

　이 책은 그러한 목표를 위한 첫걸음을 제공합니다. 학생뿐만 아니라 성인도 쉽게 딥러닝과 인공지능에 대한 기초 개념을 이해할 수 있도록 설계되어 있습니다. 이 책을 통해 인공지능에 대한 근본적인 이해와 주인의식을 가지게 되길 바라며, 미래에 대비할 수 있는 통찰력을 얻으시길 희망합니다.

　마지막으로, 이 책의 완성은 '인공지능 해내는 교실'의 김성일, 박예원, 백종명, 서문건, 최강인 선생님들, 그리고 딥코봇을 개발한 유비온의 끊임없는 지원과 격려 덕분입니다. 그들과의 협력을 통해 이 책을 성공적으로 완성할 수 있었으며, 이러한 공동 노력에 깊은 감사를 드립니다.

대표저자_익산가온초등학교 장재영 교사

이 책의 목차

01 인공지능 딥코봇을 소개합니다.

1. 인공지능이 궁금해! ……………………………………… 08
2. 인공지능 딥코봇을 소개합니다. ……………………… 13

02 인공지능, 너의 정체를 알려줘

1. 인공지능의 역사 : 인공지능의 탄생 과정과 미래 ………… 40
2. 인공지능의 시작 : 기계가 스스로 생각할 수 있을까? ……… 43
3. 머신러닝 : 기계가 스스로 학습해요! ……………………… 44
4. 실습 : AI for Oceans ……………………………………… 56

03 인공지능, 인간의 뇌를 흉내내다.

1. 인공신경망 : 인간의 뇌를 흉내 낸 기계의 뇌 …………… 64
2. 딥러닝 : 인공신경망으로 학습해요! ……………………… 67
3. 콘볼루션 신경망 : 딥러닝의 시작, 사물을 인식하는 인공신경망 … 70
4. 실습 : 언플러그드로 CNN과 친해지기 …………………… 81

04 딥코봇으로 IoT 이해하기

1. IoT(Internet of Things) …………………………………… 88
2. 딥코블록으로 코딩하기 …………………………………… 91

05 자율주행 자동차 만들기_신호등 인식하기

1. 문제 정의하기 ………………………………………… 122
2. 데이터 수집하기 ……………………………………… 123
3. 데이터 준비하기 ……………………………………… 130
4. 모델 설계하기 ………………………………………… 137
5. 모델 훈련하기 ………………………………………… 143
6. 모델 활용하기 ………………………………………… 147

06 자율주행 자동차 만들기_도로 인식하기

1. 문제 정의하기 ………………………………………… 156
2. 데이터 수집하기 ……………………………………… 158
3. 데이터 준비하기 ……………………………………… 167
4. 모델 설계하기 ………………………………………… 173
5. 모델 훈련하기 ………………………………………… 178
6. 모델 활용하기 ………………………………………… 182

07 인공지능과 윤리

1. 딥페이크(deepfake) …………………………………… 190
2. 학습 과정에서의 데이터 편향성 …………………… 192
3. 자율주행차의 결정(트롤리 딜레마) ………………… 194

부록 ………………………………………………………… 197

인공지능 딥코봇을 소개합니다.

01 인공지능이 궁금해!

다양한 곳에 적용되는 인공지능

만화나 영화를 보면 동물 캐릭터들이 말을 해요. 뿐만 아니라 로봇도 사람처럼 말을 하고 행동해요. 여러분도 알겠지만 아직은 모두 상상 속의 이야기입니다. 동물들이 사람과 같은 지능을 가지고 말하고 행동하는 것은 불가능해요. 지구의 모든 생명체는 타고난 능력을 가지고 태어나기 때문이죠. 하지만 로봇들이 사람처럼 생각하고 행동하는 것이 불가능한 일일까요? 아직까지는 그런 로봇은 없지만 많은 과학자들이 미래에는 가능할 것이라고 예상하고 있어요. 왜냐하면 인공지능 기술이 빠르게 발전하고 있기 때문이에요. 인공지능이란 컴퓨터 시스템이 사람처럼 배우고, 생각하고, 문제를 해결하는 등의 지능적인 일을 할 수 있게 해주는 기술이에요. 인공지능의 발전 덕분에 로봇이 사람처럼 생각하고 행동할 수 있는 가능성이 커지고 있답니다.

흔히들 생각하는 로봇은 사람과 비슷하게 생긴 형태를 떠올리지만 사실, 우리 주변에 다양한 형태의 로봇들이 우리 삶에 도움을 주고 있어요. 공장에서 제품을 만드는 산업용 로봇도 있고, 집 청소를 하는 청소로봇, 음식을 나르는 서빙로봇, 커피를 내리는 로봇 등 우리의 생활을 편리하게 해주는 로봇들도 많이 있답니다. 하지만 로봇이라고 해서 모두 인공지능 기술이 적용되어 있지는 않아요. 공장에서 단순한 작업만 하는 로봇은 사람이 컴퓨터 시스템에 입력한 프로그램에 따라 똑같은 일만 반복하는 기계에 불과해요.

사실 인공지능은 로봇의 형태가 아니라도 컴퓨터 시스템이 들어있는 다양한 기계와 장치에 적용될 수 있어요. 스마트폰에 있는 빅스비나 시리와 같은 인공지능 비서처럼 스피커 형태로도

있어요. 인공지능은 우리 일상에서 다양한 기기와 서비스에 활용되고 있어요. 인공지능을 사용하면 기기가 스스로 배우고, 생각하고, 문제를 해결하는 것처럼 보이게 되죠.

결론적으로, 인공지능은 단순히 로봇에만 적용되는 것이 아니라 다양한 기계와 장치에 적용될 수 있어요. 로봇의 형태를 가진 것뿐만 아니라 우리가 사용하는 많은 기기들도 인공지능의 도움을 받아 더 똑똑하게 만들어지고 있답니다. 이렇게 인공지능 기술은 우리의 삶을 더욱 편리하고 즐겁게 만들어 줄 거예요!

여기서 잠깐!

컴퓨터 시스템과 로봇은 우리가 많이 사용하는 기술이에요. 그런데 이 두 가지는 서로 어떤 관련이 있을까요?

- 컴퓨터 시스템 : 컴퓨터 시스템은 정보를 처리하고 관리해주는 기계예요. 컴퓨터는 하드웨어(실제 기계 부품)와 소프트웨어(프로그램)로 이루어져 있어요. 컴퓨터는 우리가 원하는 정보를 찾아주거나, 게임을 할 수 있게 해주는 등 다양한 일을 할 수 있죠. 컴퓨터는 데스크탑, 노트북, 태블릿, 스마트폰, 라즈베리 파이 등 여러 가지 형태가 있어요.

- 로봇 : 로봇은 기계와 컴퓨터 시스템이 합쳐진 것으로, 특정 작업이나 일을 도와주는 기계예요. 로봇은 감지할 수 있는 센서, 움직일 수 있는 부품, 그리고 컴퓨터 시스템(로봇이 생각하는 부분)이 있어요. 컴퓨터 시스템에 인공지능 프로그램이 있는 로봇은 스스로 배우고, 생각하고, 문제를 해결할 수 있어요. 로봇은 공장에서 일하는 로봇, 집에서 청소해주는 로봇, 병원에서 도와주는 로봇 등 다양한 곳에서 사용되고 있어요.

결국 컴퓨터 시스템은 정보를 처리하는 기계이고, 로봇은 기계와 컴퓨터 시스템이 합쳐져서 일을 도와주는 기계라고 할 수 있어요. 로봇은 컴퓨터 시스템을 가지고 있기 때문에 둘은 굉장히 밀접한 관련이 있어요. 이렇게 컴퓨터 시스템과 로봇은 함께 발전하면서 우리 생활을 더 편리하게 만들어 주고 있답니다.

인공지능 프로그래밍은 달라요

사람처럼 생각하는 로봇을 만드는 것에 대한 고민은 언제부터 시작되었을까요? 그것은 바로 컴퓨터가 처음 만들어졌을 때부터예요. 최초의 컴퓨터는 숫자를 계산하기 위해 만들어졌어요. 컴퓨터는 발전을 거듭하여 인간보다 뛰어난 계산 능력을 발휘했어요. 엄청나게 복잡한 연산도 척척 해냈기 때문에 인간이 하는 다양한 일들을 대신해 줄 수 있을 거라고 생각했어요. 처음에는 여러 분야의 어려운 수학 계산을 위한 프로그램들이 만들어졌어요. 사실 우리가 자주 사용하는 스마트폰, 태블릿 등과 같은 컴퓨터 시스템들도 최초의 컴퓨터처럼 숫자를 계산하는 기본 원리는 같지만, 큰 변화가 있었죠. 이 변화는 우리가 이제 스마트폰이나 태블릿을 편하게 사용할 수 있게 해주었어요.

먼저, 문자 코드와 같은 규칙을 통해 사람들의 문자를 이해하고 처리할 수 있게 되었어요. 문자 코드는 컴퓨터가 문자를 숫자로 변환하고, 다시 문자로 변환할 수 있도록 하는 규칙이에요. 예를 들어, 가장 널리 사용되는 문자 코드 중 하나인 '아스키코드(ASCII)'를 생각해 볼게요. 아스키 코드는 각 문자에 해당하는 고유한 숫자를 할당합니다. 예를 들면, 대문자 'A'는 아스키 코드에서 65에 해당하고, 소문자 'a'는 97에 해당해요. 이렇게 문자를 숫자로 변환하는 과정을 '인코딩'이라고 하며, 숫자를 다시 문자로 변환하는 과정을 '디코딩'이라고 해요. 컴퓨터는 이러한 인코딩과 디코딩 과정을 통해 다양한 데이터를 처리할 수 있어요.

또한, 컴퓨터는 이미지, 음성, 영상 등 다양한 형태의 데이터도 숫자로 변환해서 처리해요. 예를 들어, 이미지의 경우 각 픽셀에 대한 색상 정보를 숫자로 표현하고, 음악의 경우 음향 신호를 숫자로 표현해 처리합니다. 이와 같이 컴퓨터는 문자 코드와 같은 규칙을 통해 다양한 데이터를 숫자로 변환하고 처리할 수 있어요. 이를 통해 컴퓨터는 글쓰기, 그림 그리기, 영상 제작 등 다양한 작업을 수행할 수 있게 된 것이죠.

사람들은 키보드, 마이크, 카메라 등의 장치를 통해 문자, 이미지, 음성, 영상 등의 데이터들을 컴퓨터에 저장된 프로그램에 입력하여 다양한 일을 할 수 있어요. 우리가 입력하는 데이터들을 요리 재료라고 생각해 보면 프로그램은 컴퓨터가 할 일을 정해놓은 일종의 요리 레시피와 같아요. 컴퓨터는 이 요리 레시피를 따라서 우리가 원하는 작업을 해 줄 수 있어요. 프로그래밍은 이 요리 레시피를 만드는 과정이라고 할 수 있죠. 인공지능도 컴퓨터 시스템에서 작동하는 하나의 프로그램이라고 할 수 있어요. 우리는 딥코봇을 통해 인공지능 프로그램을 만들기 위한 인공지능 프로그래밍을 배울 예정이에요. 인공지능 프로그래밍은 전통적인 프로그래밍과 다른 점이 있어요. 즉, 요리 레시피를 만드는 법이 다르답니다.

우리가 활용하는 대부분의 컴퓨터 프로그램은 절차적 프로그래밍으로 만들어졌어요. 절차적인 프로그래밍은 마치 블록을 쌓듯이 정해진 순서대로 일을 처리하는 방식이에요. 예를 들어, 계산기 프로그램을 만든다면, 프로그래머가 더하기, 빼기, 곱하기, 나누기와 같은 각각의 작업을 어떻게 처리할지 일일이 정해놓아야 해요. 사람이 요리순서를 정해주면 컴퓨터가 처음부터 차례대로 요리하는 것과 같아요. 그런데 인공지능 프로그래밍은 다른 접근 방식을 사용해요. 인공지능은 스스로 배우고, 이해하며, 문제를 해결할 수 있는 방법을 찾아낼 수 있어요. 이런 인공지능 프로그래밍은 마치 우리가 수학 문제를 풀 때처럼, 여러 가지 방법을 시도해 보며 답을 찾아내는 것과 비슷하답니다. 요리로 비유하면 재료와 만들고 싶은 음식을 알려주면 스스로 요리 레시피를 만들어 낼 수 있다는 말이에요.

인공지능 프로그래밍은 사진을 보고 어떤 동물이 있는지 알아내거나, 사람들이 쓴 글을 이해하고 대답하는 것과 같은 복잡한 일을 할 수 있어요. 전통적인 프로그래밍과 인공지능 프로그래밍의 가장 큰 차이는, 전통적인 프로그래밍은 정해진 규칙에 따라 작동하는 반면, 인공지능 프로그래밍은 스스로 배우고 개선할 수 있는 능력을 가지고 있다는 것이죠. 요약하면, 프로그램은 컴퓨터가 작업을 할 수 있도록 도와주는 요리 레시피 같고, 전통적인 프로그래밍은 정해진 순서대로 작업을 처리하는 방식이에요. 그리고 인공지능 프로그래밍은 스스로 배우고 문제를 해결하는 능력을 가진 프로그래밍 방식이랍니다.

전통적 프로그래밍	인공지능 프로그래밍
시키는 대로만 할 수 있어요.	스스로 학습하고 결정을 내려요.
미리 프로그램된 대로만 할 수 있어요.	스스로 새로운 것을 알아낼 수 있어요.
단계별로 일을 해요.	상황을 보고 다음에 할 일을 찾아요.
정확한 명령이 필요해요.	다양한 명령을 해석해요.
정확한 입력값을 요구해요.	다양한 입력값을 인식해요.

Q1 프로그램으로 작동하는 로봇 P1과 인공지능으로 작동하는 로봇 A1의 차이점은 무엇일까요? 보기에서 알맞은 말을 찾아 써 넣으세요

명령, 데이터, 스스로, 학습

P1 나는 (　　　)이 필요해! 너의 (　　　)에 따라 정확하게 작동할 수 있어.

A1 나는 (　　　)가 필요해! 나에게 충분한 (　　　)를 입력하면 (　　　)을 통해 (　　　) 결정을 내릴 수 있어.

HINT
인공지능(AI)은 컴퓨터가 인간처럼 일하고 생각하도록 만들어진 것입니다. 인간이 경험을 통해 배우고 학습한 내용을 기반으로 결정을 내리는 것처럼, 인공지능은 데이터에서 배우고 해당 데이터를 기반으로 결정을 내립니다. 기계가 사람의 얼굴을 인식하고, 말을 알아듣고, 사진과 글씨를 이해하고, 자동차를 운전하는 등 인간만이 할 수 있는 일을 할 수 있도록 하는 것입니다. 컴퓨터가 가지고 있는 엄청난 계산 능력에 인간의 학습 능력이 더해진 기술입니다. 하지만 여전히 감정을 경험하거나 창의력을 발휘하는 것처럼 인간만이 할 수 있는 일들이 남아있답니다.

02 인공지능 딥코봇을 소개합니다.

🚗 자율주행 자동차란?

자율주행 자동차란, 스스로 운전하는 차를 말합니다. 이 차는 사람이 운전하지 않아도 알아서 길을 찾고, 다른 차와의 거리를 조절하며, 운전자 없이도 목적지까지 안전하게 갈 수 있습니다. 자율주행 자동차가 스스로 운전할 수 있는 이유는, 차 안에 있는 카메라, 센서, 컴퓨터, 지도 등 여러 가지 기술 덕분입니다. 카메라와 센서는 차 주변의 모든 것을 살펴보고, 컴퓨터는 그 정보를 분석해서 차가 어떻게 움직여야 하는지 결정합니다. 자율주행 자동차는 사람들이 편리하게 탈 수 있고, 교통사고를 줄일 수 있는 멋진 발명품이랍니다!

자율주행 자동차는 어떻게 스스로 운전할 수 있을까요?

인식	판단	제어
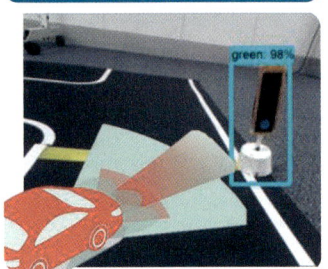	앞쪽 도로 위에 사람, 장애물, 차량이 없다. 신호등 색이 초록색이다. 이 도로는 기준 속도 30의 도로이다. ▼ 10의 속도로 앞으로 이동해서 1분 안에 28의 속도로 주행한다.	
다양한 종류의 센서들을 통해 주변 환경을 인식	수많은 솔루션 가운데 최적의 차량 경로와 움직임을 결정	자동차 속도 조절, 방향, 브레이크, 운전자 알림 등에 대해 명령받은 대로 작동

자율주행 등급표

자율주행 등급표는 차가 얼마나 스스로 운전을 잘하는지 알려주는 채점표 같은 거예요.

등급표는 0단계부터 5단계까지 총 6단계로 나뉘어져 있고, 등급이 높아질수록 차가 스스로 운전하는 능력이 더 좋아진다는 걸 뜻합니다.

0단계는 차가 스스로 운전하는 능력이 전혀 없다는 거고, 반면에 5단계는 어떤 환경에서도 사람의 도움 없이 차가 스스로 완벽하게 운전을 할 수 있다는 걸 뜻해요.

자율주행 자동차는 운전이 편리해지는 장점뿐만 아니라, 사고를 줄이고 교통 체증을 완화하는 등의 큰 이점이 있어요. 그렇지만 자율주행 자동차가 일반적으로 쓰이게 되려면, 안전성을 어떻게 보장할지, 기술적인 문제는 무엇인지, 법률적으로 어떻게 처리할지 등의 여러 문제를 해결해야 합니다.

그래서 다음과 같은 등급표를 만들어, 자율주행 자동차가 얼마나 발전했는지를 보여주고, 사람들이 이해할 수 있게 돕는 역할을 하고 있어요. 이런 등급표를 보면 우리 모두가 자율주행 자동차가 어떤 기능을 가지고 있으며, 얼마나 안전한지 알 수 있어요.

자율주행 차량의 등급은 국제 자동차 기술자 협회(SAE International)에 의해 정의된 6단계로 구분됩니다. 이 등급표는 차량이 얼마나 스스로 주행을 수행할 수 있는지를 나타냅니다.

단계	단계별 기능	
0 단계 (No Automation)	자동차	아무것도 못해요.
	사람	모든 운전을 스스로 해야 해요.
	\multicolumn{2}{l}{이 단계에서는 차량이 주행을 돕는 기능이 전혀 없습니다. 모든 주행은 운전자에 의해 이루어져요.}	
1 단계 (Driver Assistance)	자동차	단순한 도움을 줄 수 있어요. 예를 들어, 속도를 조절하거나 스티어링을 도와줘요.
	사람	대부분의 운전을 스스로 해야 하지만, 어떤 작업은 차가 도와줘요.
	\multicolumn{2}{l}{이 단계에서는 차량이 특정 작업을 도울 수 있지만, 대부분의 운전은 운전자가 해요. 예를 들어, 차량이 스스로 속도를 조절할 수 있지만, 차선 유지 등의 다른 주행 기능은 운전자가 해요.}	
2 단계 (Partial Automation)	자동차	속도 조절과 스티어링 같이 두 가지 이상의 일을 할 수 있어요. 그러나 여전히 사람의 감시가 필요해요.
	사람	차량이 하는 일을 계속 지켜봐야 하고, 필요하면 운전을 다시 해야 해요.
	\multicolumn{2}{l}{이 단계에서는 차량이 두 가지 이상의 주행 작업을 동시에 수행할 수 있어요. 예를 들어, 차량이 스스로 속도를 조절하고 차선을 유지할 수 있지만, 운전자는 항상 차량을 감시하고 필요할 때 직접 운전을 해야 해요.}	
3 단계 (Conditional Automation)	자동차	대부분의 운전을 할 수 있지만, 어떤 때는 운전자에게 다시 운전을 맡겨야 해요.
	사람	대부분의 시간 동안은 차량이 운전을 하지만, 차량이 도움을 요청하면 운전을 해야 해요.
	\multicolumn{2}{l}{이 단계에서는 차량이 모든 주행 작업을 수행할 수 있지만, 특정 상황에서 운전자가 직접 운전을 해야 할 수 있어요. 예를 들어, 긴급 상황이나 특정 날씨 조건에서는 운전자가 운전을 해야 할 수 있어요.}	

4 단계 (High Automation)	자동차	정해진 조건(예 : 일정 지역 또는 날씨 등)에서는 완전히 스스로 운전을 할 수 있어요.
	사람	대부분의 경우에는 운전할 필요가 없어요. 그러나 차량이 자율주행을 할 수 없는 상황이면, 사람이 다시 운전을 해야 해요.
	이 단계에서는 정해진 조건에서 차량이 모든 주행 작업을 수행하며, 돌발 상황에도 대응할 수 있어, 운전자가 직접 운전할 필요가 없어요. 하지만, 기상 악화 등 악조건이 문제가 될 경우 운전자가 운전을 해야 할 수 있어요.	
5 단계 (Full Automation)	자동차	어떤 상황에서도 스스로 운전을 할 수 있어요.
	사람	어떤 상황에서도 운전을 할 필요가 없어요. 모든 것을 차량이 해요.
	이 단계에서는 차량이 모든 주행 작업을 수행하고, 어떠한 상황에서도 운전자의 역할이 필요하지 않아요. 이는 차량이 모든 환경과 조건에서 스스로 주행을 수행할 수 있다는 것을 의미해요.	

딥코봇을 소개할게요!

딥코봇은 실제 자동차와 같은 조향장치를 구현하여 부드러운 주행이 가능하기 때문에 다양한 도로데이터를 수집할 수 있습니다. 또한 간단한 조작만으로 인공지능을 만드는 블록코딩을 통해 내손으로 자율주행 자동차를 구현할 수 있습니다.

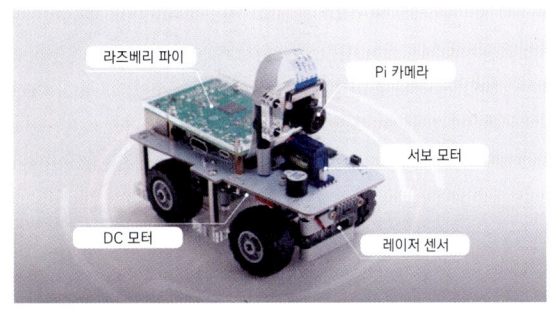

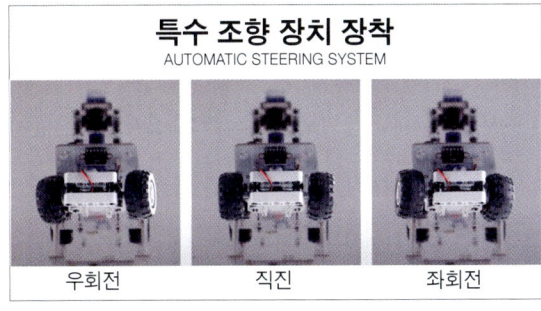
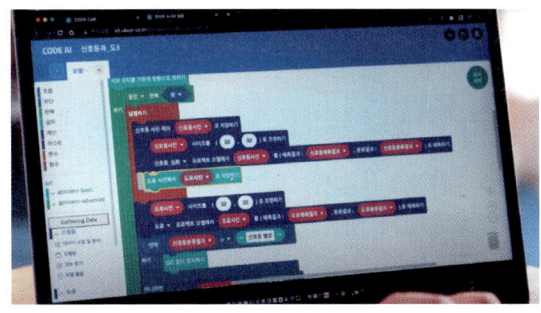

• 딥코봇 주요 제원

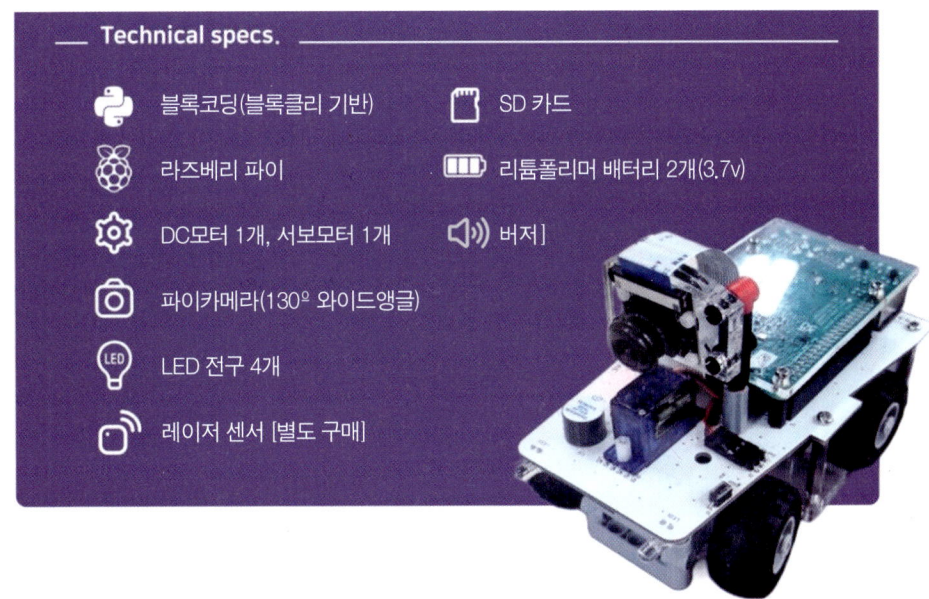

제1장 인공지능 딥코봇을 소개합니다.

딥코봇 주행하기

준비물

노트북
(또는 무선랜을 지원하는 데스크탑이나 태블릿)

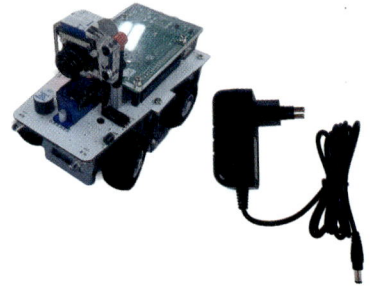
딥코봇, 충전기
(도로 실습을 위한 신호등, 도로맵은 별도 구매 필요)

1단계 딥코봇 연결하기

딥코봇은 와이파이를 통해 연결됩니다. 딥코봇 전원을 켠 상태에서 와이파이 검색을 통해 딥코봇 와이파이 이름을 클릭하여 딥코봇과 노트북을 연결하세요.

		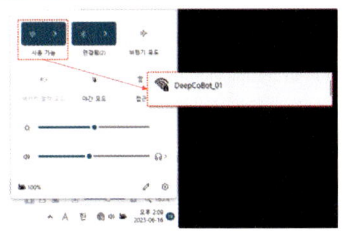
딥코봇에 충전기를 연결합니다. 딥코봇은 충전 상태에서도 사용이 가능합니다. 방전될 수 있으니 주행실습 외에는 반드시 충전기를 연결하여 충전하시기 바랍니다.	딥코봇 옆면의 전원 스위치를 ON으로 켭니다. 전원이 켜지면 녹색불이 들어옵니다. 딥코봇의 엔진에 해당하는 라즈베리파이는 일종의 컴퓨터로 부팅 시간이 필요합니다. 1~2분 정도만 기다려주세요!	딥코봇을 노트북(또는 무선랜을 지원하는 데스크탑이나 태블릿)과 연결합니다. 딥코봇은 와이파이를 통해 연결됩니다. 딥코봇의 최초 와이파이명은 "DeepCoBot_01", 비밀번호는 "12345678"입니다. 노트북의 와이파이를 검색하여 "DeepCoBot_01"이라는 이름의 와이파이를 선택하고 비밀번호를 입력하여 연결을 완료합니다.

주의

딥코봇 전원을 켠 상태에서는 각 모터에 동력이 전달된 상태이기 때문에 조향 장치를 강제로 움직이거나 딥코봇을 수동으로 밀면 자동차가 손상될 수 있습니다. 전원이 켜진 상태에서는 반드시 키보드나 자율주행 실행을 통해서만 자동차를 움직여 주세요.

제1장 인공지능 딥코봇을 소개합니다.

2단계 딥코봇 설정하기

노트북과 딥코봇이 와이파이로 연결되면 크롬 브라우저를 열고 bot.deepco.co.kr을 입력하여 사이트를 오픈합니다.

사이트에 대한 전체 메뉴를 살펴봅시다.

① **설정하기**
딥코봇의 각 장치들의 작동 유무를 확인하고 카메라, DC모터, 서보모터 등의 주요 장치를 조정합니다.

② **실습하기**
샘플 프로젝트를 통해 신호등 인식, 자율주행에 대한 코드를 확인하고, 나만의 프로젝트를 만들어 다양한 실습을 할 수 있습니다.

③ **업데이트**
딥코봇의 펌웨어나 샘플 프로젝트의 업데이트가 있을 경우, 업데이트를 통해 최신 버전을 유지할 수 있습니다.(펌웨어, 샘플 프로젝트에 대한 최신 업데이트 파일은 http://deepco.co.kr/firmware 에서 다운로드 받을 수 있습니다.)

④ **자주 묻는 질문**
딥코봇에 대해 궁금한 사항이 있거나 딥코봇이 오작동할 경우 자주 묻는 질문을 통해 해결할 수 있습니다.

⑤ 유틸리티

📶 딥코봇에 무선랜 동글을 장착한 경우, 인터넷 연결하기를 통해 와이파이에 접속할 수 있습니다.

🔄 딥코봇을 재부팅하여 작동중인 프로세스들을 초기화할 수 있습니다.

⏻ 딥코봇 실습을 마치고, 종료할 때 사용합니다. 스위치를 OFF로 하기 전 반드시 종료 버튼을 눌러 딥코봇이 안정적으로 종료될 수 있게 해주세요.

"설정하기"를 통해 각 장치들이 정상적으로 작동하는지 확인이 필요합니다. "설정하기"는 각 장치들을 작동해보고 조정을 통해 실습이 원활하게 진행되도록 하는 중요한 단계입니다.

• **키트 세팅하기**

자율주행 시 가장 중요한 카메라, 모터 등의 동작을 확인하고 조정합니다.

① **카메라 세팅**

카메라 세팅

ⓘ 카메라가 작동하지 않으면 아래의 카메라 재시작 버튼을 눌러주세요.

[카메라 재시작]

ⓘ 키트의 카메라 작동을 점검합니다.
영상보기 버튼을 클릭하여 영상의 화질을 확인합니다.
만약 영상이 흐린 경우, 렌즈를 좌우로 조금씩 돌려 영상이 선명해지도록 조정합니다.
***렌즈는 반드시 조금씩 약하게 움직여주세요.**
오른쪽으로 렌즈를 끝까지 돌리면, 센서가 망가질 수 있으니 주의하세요.

[영상 보기]   [영상 끄기]

카메라는 이미지 인식을 위한 데이터를 수집하는 데 중요한 장치입니다. "영상보기"를 클릭하여 카메라가 정상적으로 작동하는지 확인합니다.

만약, 카메라가 작동하지 않으면, "카메라 재시작"을 클릭하세요.

제1장 인공지능 딥코봇을 소개합니다.

"영상보기"를 클릭하면 그림처럼 딥코봇의 카메라가 보고 있는 화면이 표시됩니다. 만약, 영상이 선명하지 않다면, 렌즈를 조심히 좌,우로 돌려 초점을 맞춰주세요. 카메라 세팅이 끝나고 나면, "영상 끄기"를 클릭하세요.

② DC모터 확인

DC모터 확인

ⓘ 키트 뒷바퀴 DC모터의 작동을 확인합니다.

시작하기

DC모터는 딥코봇의 전진과 후진을 담당합니다.
"시작하기"를 클릭하여 DC모터의 정상 작동을 확인합니다.

DC모터 확인   닫기

ⓘ 키트 뒷바퀴 DC모터의 작동을 확인합니다.
전진, 후진 버튼을 누르시면 뒷바퀴가 작동합니다.

[전진하기]   [후진하기]

ⓘ 모터의 전진, 후진이 반대로 되어있다면 아래의 DC모터 전진, 후진 바꾸기 버튼을 눌러주세요.

[DC모터 전진, 후진 바꾸기]

"전진하기"와 "후진하기"를 각각 클릭하여 딥코봇이 정상적으로 작동하는지 확인하세요.

만약, 전진과 후진이 반대로 되어 있다면, "DC모터 전진, 후진 바꾸기"를 클릭하세요.

③ 서보모터 각도 세팅

서보모터 각도 세팅

ⓘ 키트의 앞바퀴 서보 모터의 각도를 세팅합니다.

[시작하기]

서보모터는 딥코봇의 좌회전과 우회전을 담당합니다. "시작하기"를 클릭하여 딥코봇이 똑바로 직진할 수 있도록 서보모터의 각도를 세팅합니다.

제1장 인공지능 딥코봇을 소개합니다. 23

서보모터 각도 세팅

닫기

ⓘ 키트의 앞바퀴 서보 모터의 각도를 세팅합니다.
키트가 오른쪽으로 운행할 시 - 버튼을,
왼쪽으로 운행할 시 + 버튼을 눌러 앞바퀴의 각도에 보정값을 설정해주세요.
저장 버튼을 눌러 값을 저장해주세요.
*-30도 ~ +30도까지 조정하시고, 반드시 평지에서 실행해주세요.

좌편향 조정값

| 왼쪽으로 -1° | -24 | 오른쪽으로 +1° | 구동하기 |

우편향 조정값

| 왼쪽으로 -1° | -26 | 오른쪽으로 +1° | 구동하기 |

저장

서보모터 각도 세팅은 좌회전을 기준으로 한 "좌편향 조정값", 우회전을 기준으로 한 "우편향 조정값" 두 가지 각도를 세팅합니다.

먼저 좌편향 조정값에서 "구동하기"를 클릭합니다. 딥코봇이 왼쪽으로 운행한다면 "오른쪽으로 +1°"를 클릭하여 각도 값을 크게 하고, 오른쪽으로 운행한다면 "왼쪽으로 -1°"를 클릭하여 각도 값을 작게 세팅하세요.

우편향 조정값에서도 마찬가지로 "구동하기"를 클릭한 후 딥코봇이 왼쪽으로 운행한다면 "오른쪽으로 +1°"를, 오른쪽으로 운행한다면 "왼쪽으로 -1°"를 클릭하여 각도 값을 세팅합니다.

세팅이 완료되면, 반드시 "저장"을 클릭하세요. 서보모터 각도 세팅이 끝나고 나면 "닫기"를 클릭하여 서보모터 각도 세팅을 종료합니다.

• **키트 동작 확인하기**

딥코봇에 포함되어 있는 다양한 IoT 장치들의 동작을 확인합니다.

① **버저 확인**

버저 확인

⚠ 버저 작동을 확인합니다.
확인하기를 누르시면 버저가 울립니다.

[소리내기]

버저는 실습 시 필요에 따라 코딩을 통해 소리를 낼 수 있는 장치입니다.

"소리내기"를 클릭하여 정상적으로 작동하는지 확인합니다.

② **거리 센서 확인**

*거리 센서 별도 구매

⚠ 거리 센서를 별도 구매하셨다면, 센서 장착 버튼을 누르세요.
정상작동 중일 시 장애물과의 거리를 확인할 수 있습니다.

[센서 장착]

- 거리 센서(레이저 센서)는 실습 시 물체와의 거리를 확인할 수 있는 장치입니다.
- 거리 센서(레이저 센서)는 별도 구매품으로, 구매하셨다면, "센서장착"을 클릭하여 정상적으로 작동하는지 확인합니다.

거리 센서 확인

***거리 센서 별도 구매**

⚠️ 거리 센서를 별도 구매하셨다면, 센서 장착 버튼을 누르세요.
정상작동 중일 시 장애물과의 거리를 확인할 수 있습니다.

[센서 장착]

0cm

[확인하기]

- 거리 센서(레이저 센서) 앞에 장애물 등을 두고 "확인하기"를 클릭합니다.
- 딥코봇으로부터 장애물까지의 거리가 정상적으로 표시되는지 확인합니다.
- 딥코봇이 장애물을 감지하는 등의 실습에 활용할 수 있습니다.

③ 전·후면 LED 확인

전·후면 LED 확인

! 전·후면 LED 작동을 확인합니다.
각각의 버튼을 누르시면 전·후면 LED가 켜집니다.

- LED는 실습 시 필요에 따라 코딩을 통해 불빛을 낼 수 있는 장치입니다.
- 각 위치별 LED 버튼을 클릭하여 정상적으로 작동하는지 확인합니다.
- 딥코봇이 작동할 때 전조등을 켜거나, 멈출 때 브레이크등이 켜지도록 하는 등 실습에서 다양하게 활용할 수 있습니다.

④ 버튼 확인

버튼 확인

ⓘ 버튼 작동을 확인합니다.

[시작하기]

- 버튼은 실습 시 필요에 따라 코딩을 통해 딥코봇에 신호를 줄 수 있는 장치입니다.
- "시작하기"를 클릭하여 버튼이 정상적으로 작동하는지 확인합니다.

버튼 확인   [닫기]

ⓘ 버튼 작동을 확인합니다.
확인하기를 클릭하고 동차 전면 좌측에 있는 버튼을 누르면 앞 뒤 4개의 LED가 모두 켜지고 버튼을 떼면 꺼집니다.
테스트가 완료되면 닫기 버튼을 눌러주세요.

[확인하기]

- "확인하기"를 클릭하고, 버튼을 누르면 앞, 뒤 4개의 LED가 모두 켜지는지 확인합니다.
- 코딩을 통해 버튼을 클릭할 때 소리를 내거나, 사진을 찍거나, 딥코봇을 멈추는 등 다양하게 활용할 수 있습니다.

3단계 주행 확인하기

딥코봇으로 자율주행 자동차 실습을 하기 전, 딥코봇이 정말 자율주행을 잘하는지 미리 확인할 수 있습니다. 딥코봇이 도로를 따라 잘 달리고 있다면, 여러분도 딥코봇을 통해 자율주행 자동차를 직접 만들 수 있다는 의미입니다. 한번 도전해 볼까요?

주행 확인하기

- ⌨ 키보드 주행 확인   [시작하기]
- 🕹 조이스틱주행 확인   [시작하기]
- 🤖 자율주행(회귀) 확인   [시작하기]
- 🤖 자율주행(분류) 확인   [시작하기]
- 🤖 교통표지판 인식 자율주행(회귀) 확인   [시작하기]
- 🤖 교통표지판 인식 자율주행(분류) 확인   [시작하기]

• **키보드 주행 확인하기**

딥코봇이 자율주행을 잘하려면 여러분의 운전 실력도 중요합니다. 딥코봇은 여러분의 운전 데이터를 수집하기 때문이에요. 딥코봇은 키보드와 조이스틱 두 가지 방법으로 운전할 수 있습니다. 그럼 먼저 키보드로 딥코봇을 운전해 볼까요?

- 키보드 주행 확인 "시작하기"를 클릭하면 키보드 주행을 위한 팝업이 실행됩니다.
- 주행하기 전, 딥코봇과 충전기를 분리해 주세요.
- 주행 준비가 되었으면 "주행하기"를 클릭하세요. ("주행하기" 버튼이 "멈추기" 버튼으로 변경되면, 딥코봇을 조종할 수 있습니다.)
- 키보드 방향키 또는 "w", "s", "a", "d" 키로 딥코봇을 조종합니다.
- 잠시 멈추기 위해서는 "h" 키를 클릭합니다.
- 속도가 너무 빠르거나 느릴 경우 속도 값을 변경하여 조정할 수 있습니다.
- 좌우 회전 각도가 너무 크거나 작을 경우 좌우 각도 값을 변경하여 조정할 수 있습니다.
- 키보드 주행 확인이 끝나면, "멈추기" 버튼을 클릭 후 "닫기" 버튼을 클릭하여 키보드 주행 확인을 종료합니다.

• **조이스틱 주행 확인하기**

키보드로 운전 실력을 키우셨나요? 이번에는 조이스틱으로 딥코봇을 운전해봅시다.

조이스틱은 키보드보다 더 정교한 운전이 가능한 만큼 운전이 어려우니 조심하세요!

- 조이스틱 주행 확인 "시작하기"를 클릭하면 조이스틱 주행을 위한 팝업이 실행됩니다.
- 주행하기 전, 딥코봇과 충전기를 분리해 주세요.
- 모바일기기가 준비되어 있다면, 모바일기기의 와이파이로 딥코봇과 연결합니다.
- 연결 후 모바일기기의 카메라로 QR코드를 스캔하면 모바일기기에서 조이스틱이 실행됩니다.

- 주행 준비가 되었으면 "주행하기"를 클릭하세요. ("주행하기" 버튼이 "멈추기" 버튼으로 변경되면, 딥코봇을 조종할 수 있습니다.)
- 딥코봇이 작동하면, 조이스틱으로 조정합니다.
- 속도가 너무 빠르거나 느릴 경우 속도 값을 변경하여 조정할 수 있습니다.
- 조이스틱 주행 확인이 끝나면, "멈추기" 버튼을 클릭 후 "닫기" 버튼을 클릭하여 조이스틱 주행 확인을 종료합니다.

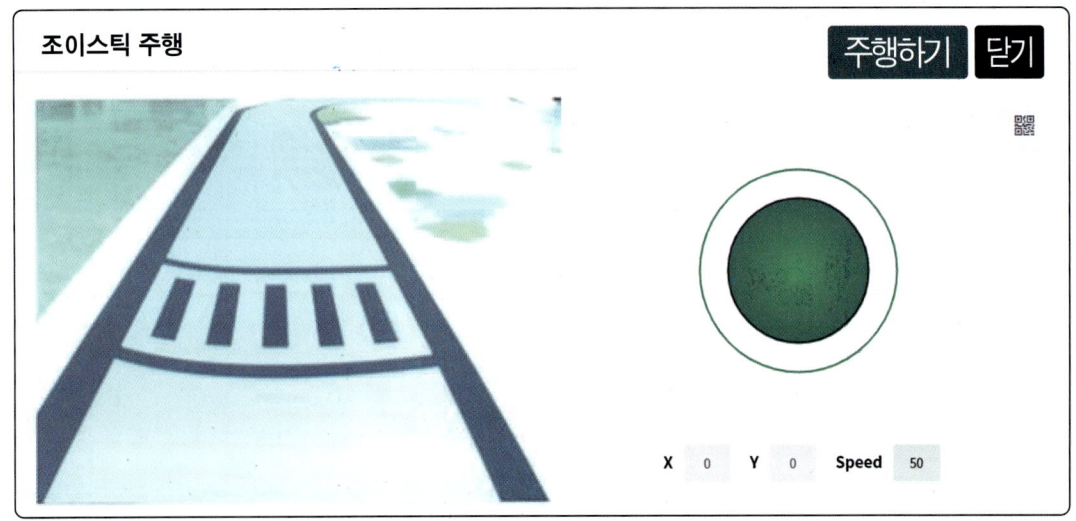

- 모바일기기가 없을 경우, "X" 버튼을 누르면 화면에 조이스틱이 실행됩니다.
- 마우스를 통해 조이스틱을 움직여 딥코봇을 조종합니다.

- **자율주행(회귀) 확인하기**

키보드와 조이스틱으로 딥코봇을 운전해 보셨나요? 그럼 이번에는 딥코봇이 자율주행을 잘 할 수 있는지 확인해 봅시다. 딥코봇은 회귀모델과 분류모델의 두 가지 방식으로 자율주행을 할 수 있습니다. 회귀모델은 조이스틱을 이용해 운전 데이터를 수집한 모델로 정교한 자율주행이 가능합니다. 그럼 딥코봇의 회귀모델을 이용한 자율주행 실력을 확인해 볼까요?

- 자율주행(회귀) 확인 "시작하기"를 클릭하면 자율주행(회귀)을 위한 팝업이 실행됩니다. (자율주행을 위해서는 인공지능을 위한 여러 SW가 구동되기 때문에 다소 시간이 소요됩니다. 팝업이 활성화 될 때까지 잠시 기다려 주세요.)

- 주행하기 전, 딥코봇과 충전기를 분리해 주세요. 주행 준비가 되었으면 "주행하기"를 클릭하세요. ("주행하기" 버튼이 "멈추기" 버튼으로 변경되면, 딥코봇의 자율주행 모드가 준비됩니다.)

- 키보드의 "a" 키를 누르면 자율주행을 시작합니다.

- 잠시 멈추기 위해서는 "h" 키를 클릭합니다. (다시 "a" 키를 누르면 자율주행을 시작합니다.)

- 자율주행(회귀) 확인이 끝나면, "멈추기" 버튼을 클릭 후 "닫기" 버튼을 클릭하여 자율주행(회귀) 확인을 종료합니다.

제1장 인공지능 딥코봇을 소개합니다.

• 자율주행(분류) 확인하기

회귀모델로 딥코봇이 도로를 벗어나지 않고 자율주행을 성공했나요? 이번에는 분류모델을 이용한 자율주행 실력을 확인해 볼까요? 분류모델은 키보드를 이용해 운전 데이터를 수집한 모델로 직진, 좌회전, 우회전 세 개로 분류된 도로 이미지를 학습하여 자율주행을 합니다. 회귀모델이 운전을 잘하는지, 분류모델이 운전을 잘하는지 비교해 볼까요?

- 자율주행(분류) 확인 "시작하기"를 클릭하면 자율주행(분류)을 위한 팝업이 실행됩니다. (자율주행을 위해서는 인공지능을 위한 여러 SW가 구동되기 때문에 다소 시간이 소요됩니다. 팝업이 활성화될 때까지 잠시 기다려주세요.)

- 주행하기 전, 딥코봇과 충전기를 분리해 주세요.

- 주행준비가 되었으면 "주행하기"를 클릭하세요. ("주행하기" 버튼이 "멈추기" 버튼으로 변경되면, 딥코봇의 자율주행 모드가 준비됩니다.)

- 키보드의 "a" 키를 누르면 자율주행을 시작합니다. 잠시 멈추기 위해서는 "h" 키를 클릭합니다.(다시 "a" 키를 누르면 자율주행을 시작합니다.)
- 자율주행(분류)확인이 끝나면, "멈추기" 버튼을 클릭 후 "닫기" 버튼을 클릭하여 자율주행(분류) 확인을 종료합니다.

• **교통표지판 인식 자율주행 확인하기**

딥코봇의 자율주행 실력을 확인했나요? 도로를 따라 벗어나지 않고 자율주행하는 딥코봇을 보니 신기하네요. 여기서 한 가지 더! 딥코봇의 능력을 확인해 볼까요? 딥코봇은 자율주행을 하면서 여러 교통표지판을 인식할 수 있어요. 딥코봇이 신호등이나 속도표지판을 만나면 어떻게 하는지 확인해 볼까요?

제1장 인공지능 딥코봇을 소개합니다. **35**

- 교통표지판 인식 자율주행(회귀) "시작하기"를 클릭하면 교통표지판 인식 자율주행(회귀)을 위한 팝업이 실행됩니다.(자율주행을 위해서는 인공지능을 위한 여러 SW가 구동되기 때문에 다소 시간이 소요됩니다. 팝업이 활성화될 때까지 잠시 기다려주세요.)
- 주행하기 전, 딥코봇과 충전기를 분리해 주세요.
- 속도표시가 되어 있는 도로와 신호등을 준비해 주세요. (실습을 위한 도로와 신호등은 별도 판매 상품입니다. 구매처에 문의하세요.)
- 주행 준비가 되었으면 "주행하기"를 클릭하세요. ("주행하기" 버튼이 "멈추기" 버튼으로 변경되면, 딥코봇의 자율주행 모드가 준비됩니다.)
- 키보드의 "a" 키를 누르면 자율주행을 시작합니다.
- 속도표지판 "30"을 보면 속도가 느려지고 신호등에 빨간불이 들어온 상태에서 딥코봇이 정지하는지 확인합니다.
- 딥코봇이 정지된 상태에서 신호등을 녹색불로 변경하여, 딥코봇이 움직이는지 확인합니다.
- 속도표지판 "70"에서 속도가 다시 빨라지는지 확인합니다.
- 잠시 멈추기 위해서는 "h" 키를 클릭합니다.(다시 "a" 키를 누르면 자율주행을 시작합니다.)
- 교통표지판 인식 자율주행(회귀) 확인이 끝나면, "멈추기" 버튼을 클릭 후 "닫기" 버튼을 클릭하여 교통표지판 인식 자율주행(회귀) 확인을 종료합니다.

교통표지판 인식 자율주행(분류) 확인도 동일한 방법으로 확인이 가능합니다. 회귀모델과 분류모델의 자율주행 작동 방식에 대해 비교해 보고, 어떤 모델이 교통표지판 인식에 더 적합한지 이야기해 봅시다.

이렇게 딥코봇의 자율주행 능력과 신호등을 인식하여 교통신호도 잘 지키는 모습을 확인했습니다. 딥코봇이 어떻게 이렇게 똑똑하게 자율주행을 하고 교통표지판을 인식하는지 궁금한가요? 지금부터 딥코봇을 직접 학습시키고 인공지능에 대한 원리를 배우며 자율주행 자동차로 만들어봅시다. 준비됐나요?

* 위에서 배운 프로그램과 인공지능의 차이점을 다시 생각해 보고 다음 물음에 답해봅시다.

키보드 주행 테스트 •   • 인공지능 프로그래밍

자율주행 테스트 •   • 전통적 프로그래밍

자율주행 테스트에서 도로를 인식하기 위해 사용된 장치는?

1. 카메라
2. 레이저 센서
3. 사람의 눈
4. 조향장치

자율주행을 구현하기 위해 먼저 해야 할 일이 아닌 것을 골라보세요.

1. 도로 이미지 데이터를 수집한다.
2. 인공지능 모델을 설계한다.
3. 도로 이미지 데이터를 학습시킨다.
4. 얼굴 이미지 데이터를 수집한다.

PART 02

인공지능, 너의 정체를 알려줘

01 인공지능의 역사

인공지능의 탄생 과정과 미래

약인공지능

- **인공지능의 시작(1950~)**
  "기계가 생각할 수 있을까?"

- **머신러닝의 활약(1990~)**
  "기계가 스스로 학습해요!"

- **딥러닝 세상(2010~)**
  "뇌를 흉내 낸 인공신경망을 활용해요!"
  - 2014 Tesla-초기 버전의 자율주행 자동차 기술 (Autopilot) 발표
  - 2016 '알파고' 바둑-챔피언 이세돌과의 대결에서 승리(4승 1패)
  - 2020 Chat GPT-자연어의 질문에 인간과 유사한 응답을 생성할 수 있는 인공지능 언어모델

앨런 튜링(Alan Turing)이 "기계가 생각할 수 있을까?"라는 질문을 던지며 인공지능에 대한 관심이 시작되었어요. 1956년에 열린 다트머스 회의는 인공지능 분야의 초석을 다지는 중요한 이벤트였어요. 이 회의에서는 컴퓨터가 지능적인 동작을 수행할 수 있는 능력을 갖추기 위한 다양한 연구가 이루어졌으며, 이후에 인공지능을 실현하기 위한 다양한 방법들이 제안되었어요.

인터넷 발전으로 많은 정보와 데이터가 생겨났어요. 머신러닝은 이 데이터를 활용해 컴퓨터가 스스로 학습하여 다양한 문제를 해결할 수 있게 도와주는 기술이에요. 머신러닝이 도움을 주는 일들은 검색 엔진, 추천 시스템, 스팸메일 필터링, 악성코드 탐지 등이 있답니다.

2012년의 ImageNet(이미지 인식) 대회에서 딥러닝 기반의 '알렉사 모델'이 압도적인 우승을 거두면서 딥러닝이 주목받게 되었어요. 딥러닝은 뇌를 흉내 낸 인공신경망을 활용해 컴퓨터가 스스로 학습하는 머신러닝 기술입니다. 이미지 인식, 자연어 처리, 자율주행 등 다양한 분야에 활용되고 있답니다.

약한 인공지능, 강한 인공지능이란?

약한 인공지능
특정 작업을 수행하거나 특정 문제를 해결하도록 설계되었지만 인간과 같은 추론 및 일반 지능을 수행할 수 없는 컴퓨터 시스템의 개발을 말합니다. 이러한 유형의 AI는 좁은 영역에서 인간지능을 모방하도록 설계되었으며, 많은 양의 데이터를 사용하여 훈련됩니다.
(유용한 도구로서 설계된 인공지능)

강인공지능

강한 인공지능
기계가 의식과 정신 상태를 가진 인간처럼 생각하고 작동하도록 구축될 수 있다는 이론을 말합니다. 강력한 인공지능을 믿는 사람들은 기계가 인간 지능을 능가하는 일반 지능을 갖도록 설계될 수 있고 인간 수준의 추론, 의사결정 및 창의성이 필요한 작업을 수행할 수 있을 거라고 말합니다.
(인간을 완벽하게 모방한 인공지능)

Q1 강한 인공지능과 약한 인공지능을 구분해 봅시다(이미지 삽입/활동문제)

우리 주변의 AI	강한 인공지능	약한 인공지능	왜 그렇게 생각하나요?
알파고			
siri			
chatgpt			
아이언맨 자비스			
터미네이터			
snapchat 얼굴 필터			

제2장 인공지능, 너의 정체를 알려줘

자율주행 자동차			
Netflix 추천시스템			
유튜브 알고리즘			

> **HINT**
>
> 아이언맨의 자비스(JARVIS)는 마블 코믹스와 영화에서 등장하는 가상 인공지능(AI) 시스템입니다. 그는 아이언맨의 개인 인공지능 비서이자 도우미로서, 다음과 같은 역할을 합니다.
>   1. 토니 스타크와의 대화를 통해 복잡한 명령을 이해하고 적절한 작업을 수행합니다.
>   2. 새로운 정보를 습득하여 더 나은 결정을 내릴 수 있습니다.
>   3. 복잡한 문제 해결을 위한 새로운 아이디어를 제시하고, 아이언맨 슈트의 기술에 대한 혁신적인 제안을 할 수 있습니다.
>   4. 토니 스타크의 감정 상태를 이해하고 적절한 조언과 위로를 합니다.
>   5. 주변 환경에 대한 정보를 실시간으로 수집하고 분석하여 토니 스타크에게 중요한 정보를 전달합니다.
>
> 이러한 기능들은 인간 수준의 지능을 가진 인공지능, 즉 강한 인공지능의 특성을 나타냅니다. 하지만 앞서 언급했듯이, 자비스는 영화 속 가상 캐릭터이며 현실에서는 존재하지 않습니다. 현재 개발된 인공지능은 제한된 지능(약한 인공지능)을 가지고 있으며, 자비스와 같은 강한 인공지능은 아직 개발되지 않았습니다.

02 인공지능의 시작

 기계가 스스로 생각할 수 있을까?

튜링테스트

엘런 튜링은 컴퓨터 과학의 아버지로 알려진 분이에요. 엘런 튜링이 1950년에 발표한 "컴퓨팅 기계와 지능(Computing Machinery and Intelligence)" 논문에서 튜링은 '기계는 생각할 수 있을까?'라는 질문을 던져 많은 사람들이 고민하게 했어요. 그 질문은 컴퓨터가 인간처럼 생각하고 느낄 수 있는지에 대한 고민이었죠.

그런데 어떻게 기계가 인간처럼 생각한다고 말할 수 있을까요? 이를 확인하기 위해 튜링 테스트라는 방법이 제안되었어요. 튜링 테스트는 한 사람이 질문을 던지고, 기계와 다른 사람이 답변하는 거예요. 질문을 던지는 사람은 대답만 보고 기계와 사람을 구별해야 해요. 만약 구별할 수 없다면, 그 기계는 인간처럼 생각한다고 볼 수 있겠죠? 이 테스트는 인공지능 연구의 방향성을 제시하며, 많은 연구자들이 인공지능을 개발하는 데 동기를 부여했어요.

튜링의 연구와 제안은 사람들이 인공지능의 가능성에 대해 인식하게 만들었어요. 이로 인해 컴퓨터 과학자들과 연구자들은 인간처럼 생각하고 행동하는 기계를 만들기 위해 노력하게 되었답니다. 오늘날 우리는 다양한 인공지능 기술을 일상생활에서 활용하고 있고 이 분야는 계속 발전하고 있어요.

03 머신러닝

 **기계가 스스로 학습해요!**

머신러닝(기계 학습)

기계가 스스로 학습을 한다구요? 그럼 기계도 사람처럼 두뇌가 있어야 가능하지 않을까요? 이런 의문을 갖는 친구들이 있을 거예요. 사실 사람이 학습하는 것과 기계가 학습하는 것은 차이점이 있어요.

먼저, 사람들은 어떻게 학습하는지 알아볼까요? 우리는 새로운 것을 경험하거나 시행착오를 통해 학습해요. 예를 들어, 자전거를 처음 탈 때 넘어지기도 하지만, 계속 연습하면서 점점 잘하게 돼요. 그리고 우리는 보고, 듣고, 만지고, 맛보고, 냄새 맡는 등 다양한 감각을 통해 학습해요. 이렇게 배우면서 우리의 두뇌가 발달하고 새로운 아이디어를 생각해 내기도 해요.

반면에, 기계는 데이터와 알고리즘을 사용해서 학습해요. 데이터란 많은 정보들을 모아 놓은 거고, 알고리즘은 문제를 해결하는 방법이에요. 머신러닝은 인공지능(AI) 프로그래밍의 한 분야로서, 기계가 스스로 학습하는 능력을 부여하는데, 이는 사람의 뇌처럼 생각하는 능력이 있는 것은 아니에요. 대신, 기계는 주어진 데이터를 분석하고 패턴이나 규칙을 스스로 찾아내요. 이를 통해 예측, 분류, 추천 등 다양한 작업을 수행할 수 있게 되며, 다양한 분야에서 활용되고 있어요.

모델(알고리즘)

머신러닝에서 데이터를 기반으로 학습한 알고리즘의 결과물을 '모델'이라고 불러요. 쉽게 말하면, 컴퓨터가 데이터에서 스스로 찾아낸 규칙으로 새로운 문제를 푸는 도구 같은 거예요. 모델은 수학적 방법으로 표현될 수 있어요. 이것으로 실제 문제에 대한 예측이나 분류를 수행할 수 있답니다.

머신러닝의 예측 모델 만들기

카페를 운영한다고 생각해 볼게요. 그런데 문제가 생겼어요. 겨울에는 차가운 레모네이드가 많이 안 팔릴 줄 알고 조금만 준비했는데 겨울에도 레모네이드를 찾는 사람이 꽤 있는 것이 아니겠어요? 결국 부족한 레몬 때문에 손님을 돌려보내 손해를 보게 되었어요. 그렇다고 레몬을 평소에 많이 준비해 놓자니 레모네이드가 안 팔리면 레몬이 상해서 버려야 하기 때문에 손해가 나는 거예요. 어떻게 하면 필요한 레몬의 양을 예측할 수 있을까 고민을 하게 됐어요.

고민을 해결하기 위해 그동안 레모네이드를 판매한 기록(데이터)을 살펴보기로 했어요.

	온도	레모네이드 판매량
2023.02.02	1	5
2023.02.03	2	10
2023.02.04	3	15
2023.02.05	4	20
2023.02.06	5	25
2023.02.07	6	30
	10	?

Q1 온도와 판매량 사이에 어떤 규칙이 있나요?

온도가 1씩 늘어날 때마다 판매량은 (　)씩 늘어납니다.

Q2 온도를 △, 판매량을 ☆이라고 할 때, 두 양 사이의 규칙을 식으로 나타내어 보세요.

☆ = a × △　　　그리고 a의 값은 얼마인가요?

Q3 온도가 10도일 때 판매량은 얼마라고 예측할 수 있나요?

☆ = 5 × △ → 모델

이것은 우리가 직접 찾아낸 온도와 판매량의 관계를 나타내는 공식이에요. 규칙을 파악해서 a의 값이 '5'라는 것을 알 수 있어요. 머신러닝에서도 위와 같은 과정을 통해 컴퓨터가 온도와 판매량 사이의 관계를 스스로 찾아내어 관계식을 만듭니다. 우리는 이것을 '모델'이라고 부릅니다. 그리고 이 모델을 활용하여 다양한 온도에서의 판매량을 예측할 수 있어요.

△ = 12　　☆ = 5 × △　　☆ = 60
새로운 데이터 → 예측 모델 → 예측 결과값

머신러닝은 과학자나 수학자들이 해결하려고 노력했던 복잡한 문제를 컴퓨터가 자동으로 해결할 수 있게 도와주는 기술이에요. 온도와 판매량 사이의 관계처럼 간단한 예시도 있지만, 실제로 판매량에 영향을 미치는 요소들은 더 많아요. 요일, 날짜, 경쟁자, 유행 등 다양한 변수들이 판매량에 영향을 줄 수 있죠.

머신러닝은 이런 복잡한 상황에서도 데이터를 분석하고, 여러 변수들 간의 관계를 찾아내어 모델을 만드는 데 도움을 줍니다. 이렇게 만들어진 모델은 미래의 판매량을 예측하는 데 사용되어 사업 전략을 세우거나, 재료 관리를 효율적으로 할 수 있게 해줘요.

머신러닝 덕분에 과거에는 전문가들만이 할 수 있었던 일들이 이제는 컴퓨터를 통해 더 쉽고 빠르게 해결될 수 있게 되었답니다. 이를 통해 우리는 더 복잡하고 어려운 문제를 해결할 수 있게 되었어요.

머신러닝 학습 방법

머신러닝은 인공지능 모델에게 데이터를 어떤 방법으로 학습하느냐에 따라 크게 세 가지로 구분되며, 학습 방법에는 지도 학습, 비지도 학습, 강화 학습이 있어요.

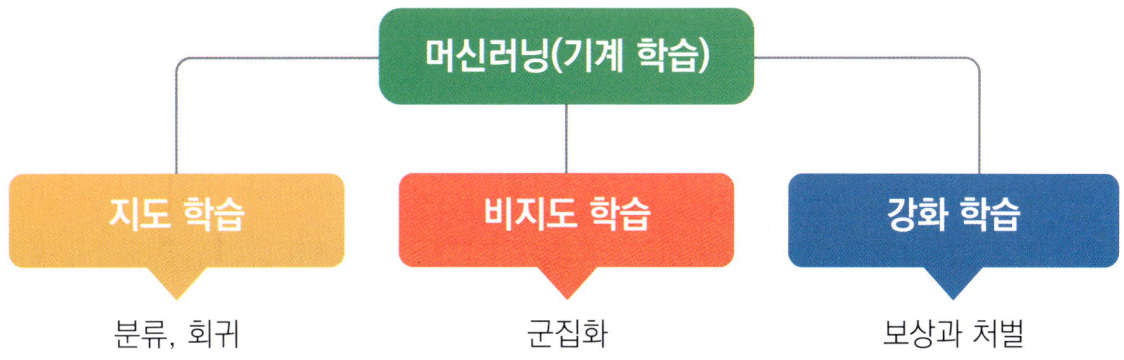

지도 학습(supervised learning)은 인공지능 모델이 정답이 있는(레이블이 붙어있는) 데이터를 학습하고 규칙과 패턴을 찾아내어 새로운 데이터에 대한 예측이나 분류 등의 판단을 하도록 하는 학습 방법이에요.

지도 학습에서 '지도'라는 의미는 '어떤 목적이나 방향으로 남을 가르쳐 이끎'이라는 뜻으로 선생님이 학생을 지도한다라고 할 때 사용되는 '지도'와 비슷한 의미를 지니고 있어요. 우리가 인공지능을 모델을 지도하는 지도자로서 목적이나 방향을 알려주고, 그 방향으로 인공지능 모델이 학습하는 방식을 말해요.

예를 들어, 선생님이 학생에게 어떤 사물(문제)에 대한 이름(정답)이 담긴 학습 자료를 주고 학습하게 하는 것처럼, 우리가 인공지능 모델에게 레이블(정답)이 붙여진 데이터(문제)를 제공해요. 그리고 인공지능 모델은 이 데이터와 레이블을 이용해 학습하게 됩니다.

결국, 우리는 선생님이 되어 인공지능 모델을 가르치고 이끄는 역할을 하게 되는 것이죠. 이렇게 학습된 인공지능 모델은 새로운, 레이블을 붙이지 않은 데이터에 대한 예측을 할 수 있게 되요. 즉, 앞서 학습한 '문제와 정답'을 바탕으로 새로운 '문제'에 대한 '정답'을 예측하는 능력을 얻게 됩니다. 이런 과정을 통해 인공지능 모델은 우리가 원하는 목적을 이루거나 특정 방향으로 나아가는 능력을 키우게 된답니다.

비지도 학습(unsupervised learning)은 인공지능 모델이 정답(레이블)이 없는 데이터를 분석하여 데이터 간의 유사성이나 관계를 스스로 찾아내는 학습 방법이에요. 우리가 방에 있는 다양한 장난감들을 색상이나 모양, 크기 등으로 정리하는 것과 같아요. 선생님은 정답을 알려주지 않아도, 우리는 스스로 장난감들의 특징을 보고 같은 종류끼리 묶을 수 있습니다. 이와 같이, 인공지능 모델도 비지도 학습을 통해서 정답이 없는 데이터들을 패턴이나 구조를 찾아내어 비슷한 데이터끼리 그룹화해요.

강화 학습(reinforcement learning)은 성공하면 보상을 얻고, 실패하면 벌칙을 받으며 성공과 실패를 거듭하는 시행착오를 통해 학습하는 방법이에요. 우리가 비디오 게임을 하면서 점수를 얻는 것과 비슷합니다. 게임을 처음 시작할 때는 어떤 행동이 점수를 올리는지 모르지만, 시행착오를 겪으면서 어떤 행동이 좋은 결과를 가져오는지, 어떤 행동이 점수를 깎는지를 배웁니다. 강화 학습에서의 인공지능 모델도 비슷하게, 어떤 행동이 '보상'을 주는지를 알아가는 과정을 통해 학습한답니다.

지도 학습과 비지도 학습은 어떻게 다를까요?

- **지도 학습 과정(분류)**
  목적 : 남자와 여자를 분류하는 인공지능 모델을 만들고 싶다.

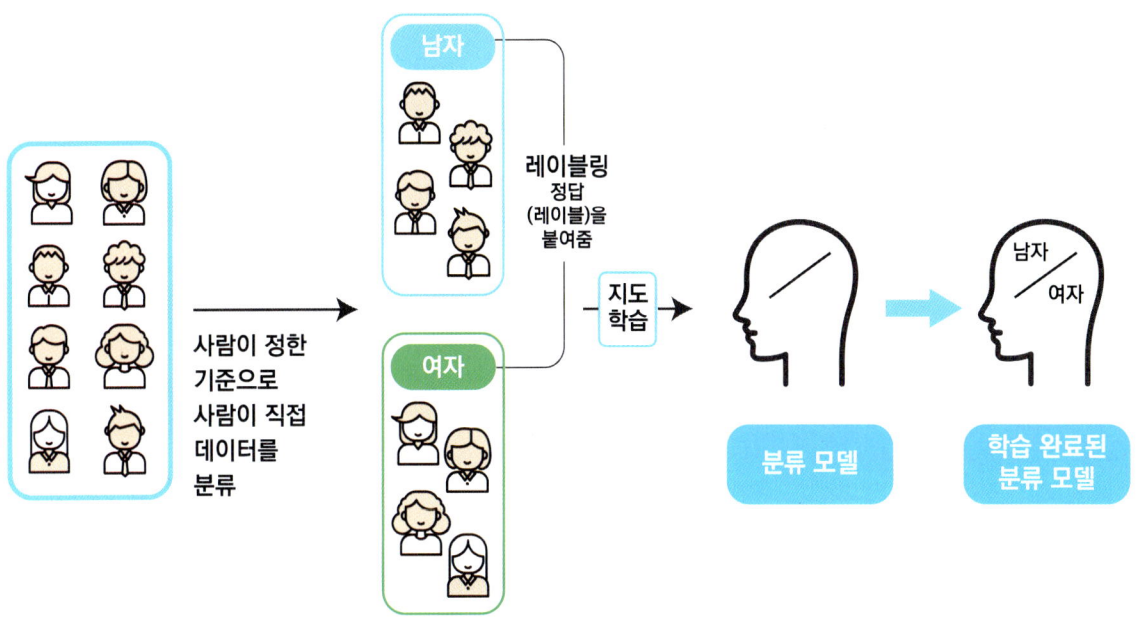

- 비지도 학습 과정(군집화)

    목적 : 사람들을 두 그룹으로 구분하고 싶다.

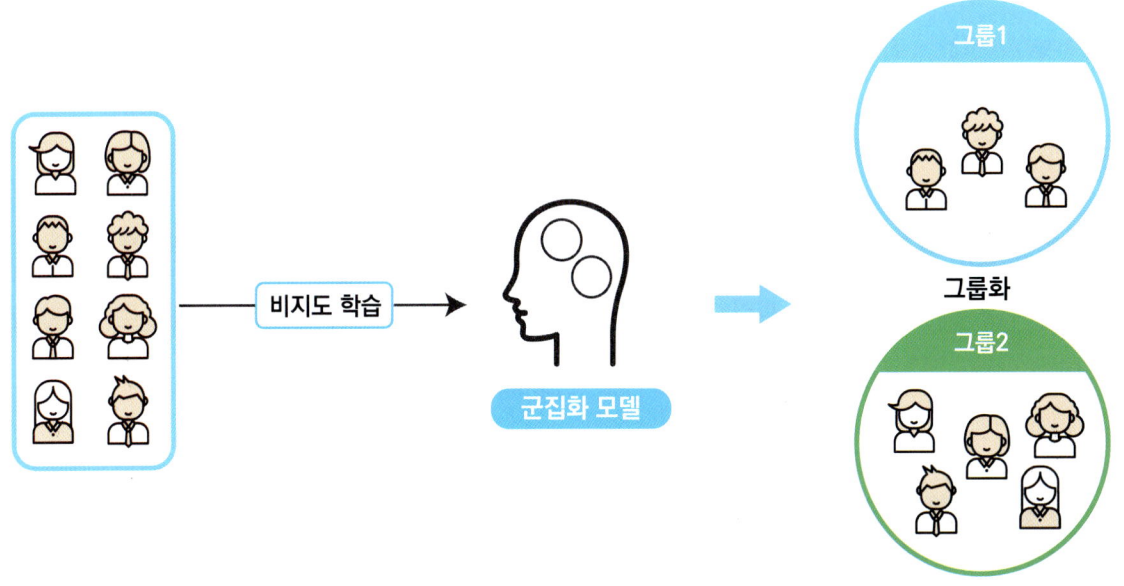

- 지도 학습 결과 활용

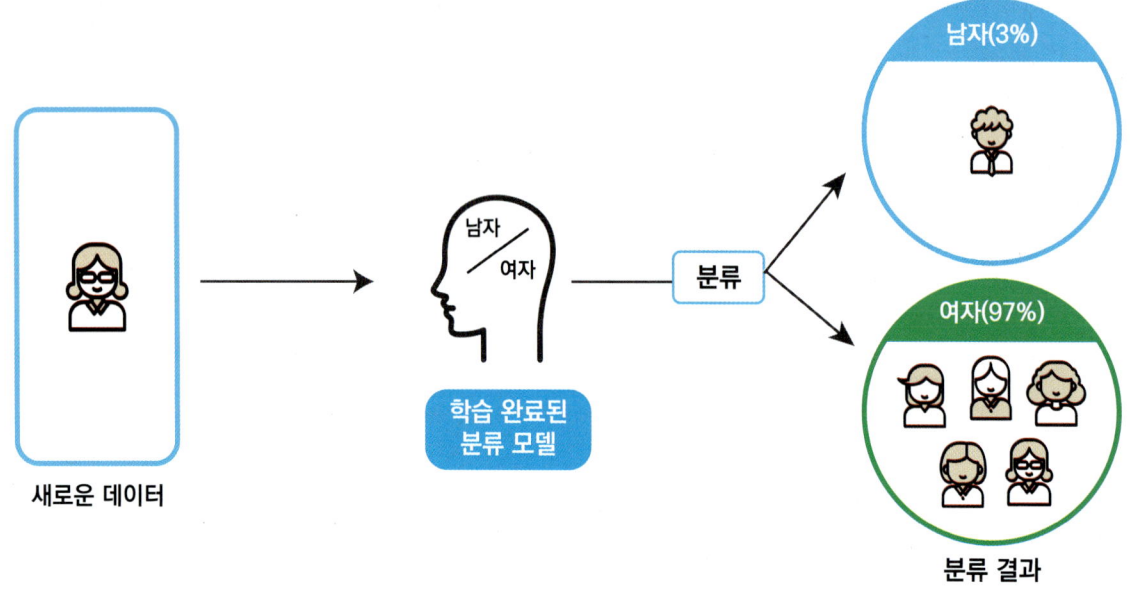

- 비지도 학습 결과 활용

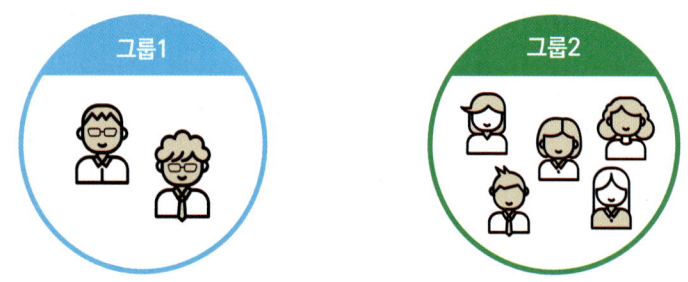

비지도 학습 결과에서는 입력한 데이터를 어떤 특징을 통해 두 그룹으로 구분했는지 알려주지 않습니다. 해석하는 것은 사람의 역할입니다. 군집화 방법에 따라 다른 특징들로 그룹화된 결과가 나타납니다.(예 : 그룹1 - 마스크 쓴 사람, 그룹2 - 마스크 안 쓴 사람)

 **Q2** 아이폰의 사진첩입니다. 저장된 사진에 나온 사람들의 얼굴을 인식하여 얼굴별로 사진을 그룹화하였습니다. 이것은 지도 학습의 결과일까요? 비지도 학습의 결과일까요? 왜 그렇게 생각하나요?

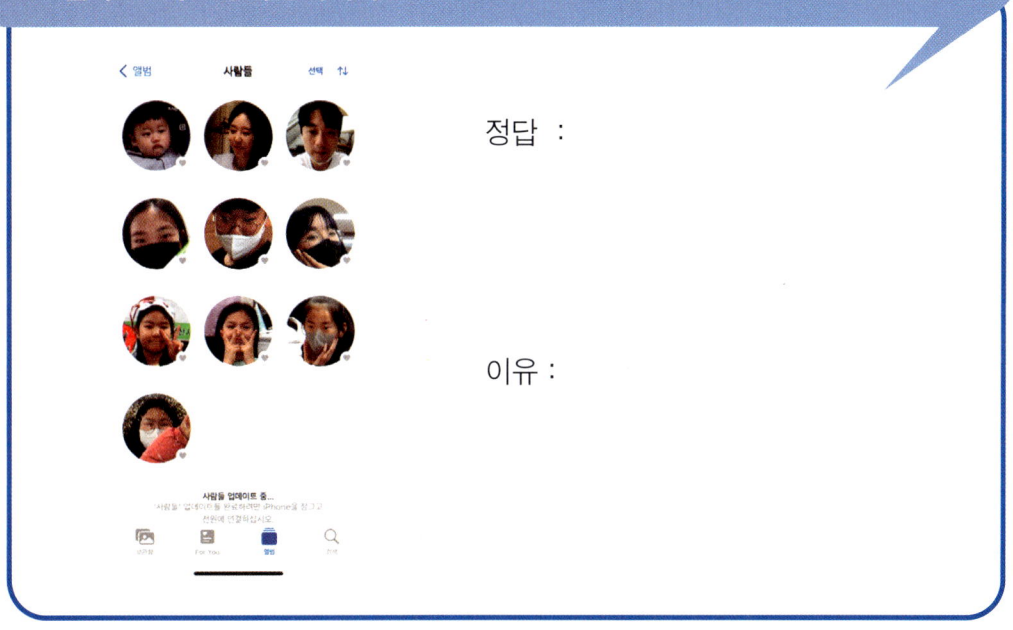

정답 :

이유 :

데이터 레이블링(Labeling)이란?

   데이터 레이블링은 데이터에 의미 있는 '이름표'를 붙이는 일을 말해요. 레이블링을 통해 컴퓨터는 우리가 원하는 것이 무엇인지 알려 줄 수 있습니다. 한마디로 인공지능 모델을 위한 학습 자료를 만들어 주는 일이라고 할 수 있어요.

   어린 시절 우리는 그림책에 그려진 동물과 그 이름을 보고, 혹은 그걸 읽어주는 부모님을 통해 동물의 개념을 학습했어요. 인공지능 모델도 비슷해요. 만약 강아지가 찍힌 사진이 있다면, 사람이 사진에 강아지가 나온 부분을 표시한 뒤 '강아지'라는 레이블(이름표)을 붙여주면 인공지능 모델이 레이블링 된 강아지 사진들의 특징을 반복 학습하며 강아지를 알아볼 수 있게 되는 것이에요.

그런데 이 자료는 그 누구도 아닌 사람이 직접 만들어야 해요. 사람에겐 단순한 일이지만 인공지능이 결코 혼자서 할 수 없는 일이죠. 게다가 인공지능은 양질의 학습 데이터가 많이 주어질수록 정확도가 높아져요. 그래서 많은 데이터에 레이블을 붙이는 일은 정말 중요해요. 그럼 이제 데이터 레이블링의 다양한 방법에 대해 알아볼까요?

- **수동 레이블링(Manual Labeling)** : 이 방법은 가장 기본적이고 정확한 방법으로 사람이 직접 데이터에 레이블을 붙이는 것을 의미해요. 가장 기본적인 방법이지만 많은 시간과 노력이 필요해요. 예를 들어, 당신이 과일 사진을 모아 놓고, 각 사진이 어떤 과일인지 하나하나 직접 레이블을 붙이는 것이 수동 레이블링입니다.

- **인터랙티브 레이블링(Interactive Labeling)** : 이 방법은 사람이 데이터와 직접 상호작용하면서 레이블을 지정하는 것을 의미해요. 예를 들어, 컴퓨터 게임을 하는 동안 당신이 캐릭터를 조작하면, 그 조작(걷기, 뛰기, 점프하기 등)에 따른 화면 데이터가 자동으로 해당 행동의 레이블을 받는 것입니다.

- **반자동 레이블링(Semi-automatic Labeling)** : 이 방법은 인공지능이 일부 레이블링 작업을 도와주는 것을 의미해요. 인공지능 모델 학습은 데이터가 많을수록 정확도가 높아지기 때문에 많은 데이터에 레이블링을 하기 위해 인공지능의 도움을 받는 거죠. 예를 들어, 당신이 일부 사진에 레이블을 붙여주면 인공지능이 그 패턴을 배워 나머지 사진에도 레이블을 붙여주는 방식입니다.

- **자동 레이블링(Automatic Labeling)** : 이 방법은 인공지능이 완전히 자동으로 데이터에 레이블을 붙이는 것을 의미해요. 예를 들어, 인공지능이 웹사이트에서 정보를 스크래핑하면서, '뉴스 기사'나 '블로그 포스트' 등 웹페이지의 종류를 자동으로 판단해 레이블을 붙이는 경우가 있어요. 자동 레이블링이 가능한 인공지능은 별도의 학습이 필요해요. 하지만

자동 레이블링은 인공지능이 판단하는 데 한계가 있을 수 있으므로, 때때로 잘못된 레이블을 붙일 수도 있어요. 따라서 정확도가 매우 중요한 경우에는 자동 레이블링 후에 추가적인 수동 검토 과정이 필요할 수 있어요.

각각의 레이블링 방법은 상황에 따라 적합한 방법이 다를 수 있어요. 어떤 경우에는 사람의 개입이 필요하고, 다른 경우에는 컴퓨터가 자동으로 처리하는 것이 더 효과적일 수 있어요. 이렇게 다양한 방법을 알고 있으면, 우리가 하려는 작업에 가장 적합한 레이블링 방법을 선택할 수 있답니다.

• 데이터 기반으로 학습해요

우리는 머신러닝이 데이터를 기반으로 학습하고 있다는 것을 알 수 있어요. 머신러닝에서 데이터는 인공지능의 근원이며, 데이터가 없으면 인공지능이 없다고 할 수 있어요. 구체적으로 데이터는 어떻게 인공지능에 영향을 미칠까요?

인공지능 모델이 데이터를 학습한다는 것은 사실 어려운 건 아니에요. 우리가 일상생활에서 배우는 것과 아주 비슷해요. 재밌는 이야기와 함께 데이터학습에 대해 알아보아요. 한 인공지능 모델이 있었어요. 그의 이름은 '토끼탐사 AI'. 이 AI의 임무는 세상에 있는 모든 토끼를 찾아내는 것이었어요. 하지만, 처음에는 토끼를 어떻게 찾아내야 할지 전혀 모르는 상태였죠.

그래서 토끼탐사 AI의 친구인 데이터 마법사가 도와주기로 했어요. 데이터 마법사는 토끼의 사진을 토끼탐사 AI에게 보여주고 "이것이 바로 토끼야"라고 가르쳐 주었어요. 그런데 문제가 있었어요. 토끼 사진이 몇장밖에 없었기 때문에 토끼탐사 AI는 토끼를 찾는 방법을 제대로 배우지 못했어요. 이 문제를 해결하기 위해, 데이터 마법사는 더 많은 토끼 사진을 찾아 토끼탐사 AI에게 보여주었어요.

그런데 이번에는 다른 문제가 생겼어요. 토끼탐사 AI는 너무 많은 토끼 사진을 본 덕분에 사진 속의 토끼를 잘 찾아냈지만, 보여줬던 사진들에서 조금이라도 벗어난 새로운 토끼를 만나면 그것이 토끼라는 것을 알아보지 못했어요. 이건 마치 우리가 같은 문제를 너무 많이 풀어서, 비슷하되 약간 다른 문제를 만났을 때 해결하지 못하는 것과 비슷해요. 이렇게 한 가지에만 집중하게 되면, 다른 상황에 대처하기 어려워져요. 이런 문제를 '과적합'이라고 부르는데요, 너무 한 가지 경우에만 최적화되어 다양한 상황을 처리하지 못하는 상황을 말해요.

데이터 마법사는 이 문제를 해결하기 위해 똑똑한 전략을 세웠어요. 그는 토끼 사진들을 '훈련 데이터'와 '테스트 데이터'라는 두 가지 그룹으로 나눴답니다. 토끼탐사 AI는 훈련 데이터로 먼저 배워보고, 그 다음에 테스트 데이터로 자신이 잘 배웠는지 확인하는 거예요. 이 과정은 우리가 수업에서 새로운 내용을 배우고, 그 다음에 모의고사로 자신의 이해도를 확인하는 것과 많이 비슷하답니다. 그리고 이 모든 과정을 거친 후, 토끼탐사 AI는 마지막으로 미지의 숲으로 향하게 됩니다. 이제 그는 이전에 본 적 없는 새로운 토끼들도 정확하게 찾아낼 수 있을지 시험을 받게 되는 것이죠.

이제 인공지능 모델이 어떻게 학습하는지, 그리고 어떻게 실제 문제를 해결하는지에 대해 조금 더 세부적으로 설명해볼게요.

1. **훈련 단계** : 이 단계는 우리가 새로운 게임을 배우는 것처럼 생각하면 돼요. 처음에는 어떻게 해야 할지 모르겠지만, 계속해서 게임을 해보면서 점점 규칙을 이해하고, 어떻게 하면 점수를 더 잘 얻을 수 있는지를 배우게 되죠. 이것처럼, 인공지능 모델도 처음에는 토끼를 어떻게 분류하는지 모르지만, 수많은 토끼 사진(이를 '훈련 데이터'라고 합니다)을 보면서, '아하, 이 특징이 있으면 토끼구나!'라고 점차 배우게 됩니다.

2. **평가 단계** : 이제 우리가 게임을 잘할 줄 안다고 생각하면, 이제는 친구들과 대결을 해보는 것이 필요해요. 이것이 바로 '테스트'와 같아요. 친구들과 대결하면서 우리가 정말로 게임을 잘하고 있는지, 아니면 어떤 부분을 더 개선해야 하는지를 알 수 있죠. 이와 비슷하게, 인공지능 모델도 학습한 후, 처음 보는 토끼 사진(이를 '테스트 데이터'라고 합니다)을 보고 이게 토끼인지 아닌지를 잘 판별하는지를 '테스트'해봅니다. 이때, 전체 학습 데이터셋 중 대략 80%는 훈련 데이터로 사용되고, 나머지 20%는 이 평가 단계에 이용됩니다. 이 단계는 모델이 훈련 과정에서 과적합되지 않았는지, 즉 너무 훈련 데이터에만 특화되어 일반화 능력이 떨어지지 않았는지를 확인하는 중요한 과정이에요.

3. **배포 단계** : 이제 우리는 게임을 정말 잘할 준비가 됐어요. 이제는 실제 게임 대회에 나가서 우리의 실력을 보여줄 시간이에요. 마찬가지로, 인공지능 모델도 검증 단계를 통과하면, 이제는 실제 세상에서 토끼 사진을 보고 토끼인지 아닌지를 정확하게 판별할 준비가 됩니다. 이 과정을 '배포'라고 부르며, 이제 사용자들이 모델의 성능을 직접 확인하게 된답니다.

04 실습

🚗 AI for Oceans

1단계 🔍 검색창에 'AI for Oceans'를 입력하여 다음 사이트를 클릭합니다.

AI for Oceans | Code.org

Lesson plans and activities to help you teach **AI**, machine learning, training data, and bias, while exploring ethical issues. View Resources. CS for Good.
Machine Learning · 2. Train an AI to Clean the Ocean · CSforGood in your class

2단계 다음과 같은 화면이 나오면 '지금 해보기'를 클릭합니다.

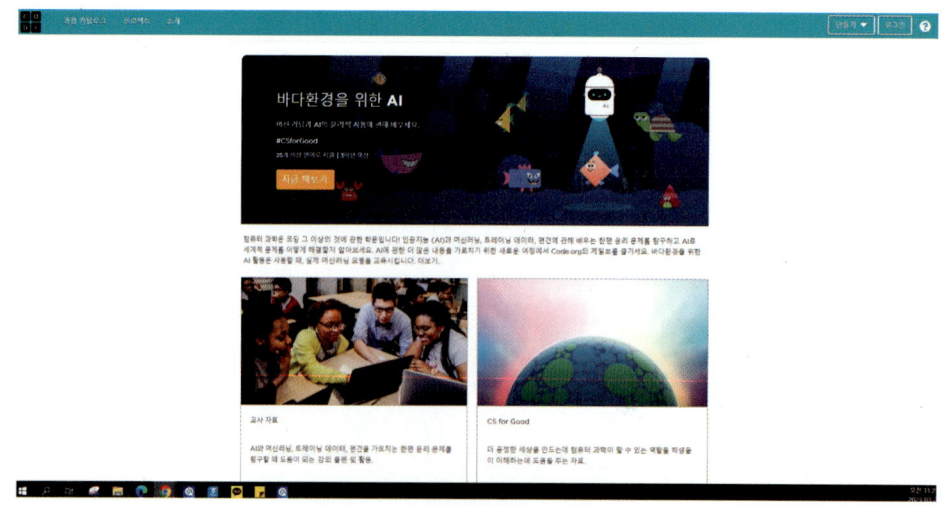

이미지 인식과 자율주행

3단계 아래의 영상이 나오면 영상을 시청하며 머신러닝에 대해 다시 한번 알아봅시다.

[활동 1] 데이터에 레이블을 부여하여 인공지능을 학습시켜 보기

1. 문구의 내용과 같이 인공지능이 물고기와 쓰레기를 구분하도록 학습시켜 봅시다.

> 바다에 버린 쓰레기는 해양 생물에 영향을 미칩니다. 이번 활동에서 A.I.가 물고기나 쓰레기를 알아보도록 프로그래밍하고 학습시켜보겠습니다. 바다를 청소해 봅시다! 계속 하려면 화면 아무 곳이나 클릭하세요.

2. 지도 학습은 정답(레이블)이 있는 데이터를 이용하여 학습합니다. 이 활동은 '물고기'와 '물고기 아님'이라는 정답이 있는 데이터를 사용하므로 지도 학습에 해당합니다.

> A.I.를 프로그래밍하려면 단추를 이용해서 이미지에 "물고기"나 "물고기 아님" 라벨을 달아줍니다. 당신이 제공하는 학습을 통해 A.I.는 스스로 패턴을 인식하게 됩니다. 시작해 봅시다!

3. 아래와 같은 화면이 나오면 그림에 해당하는 물체가 물고기인지 물고기가 아닌지 체크하여 인공지능에게 학습시킵니다.

4. 10개의 데이터를 인공지능에게 학습시킨 후 '계속하기' 버튼을 눌러 결과를 확인하여 봅시다.

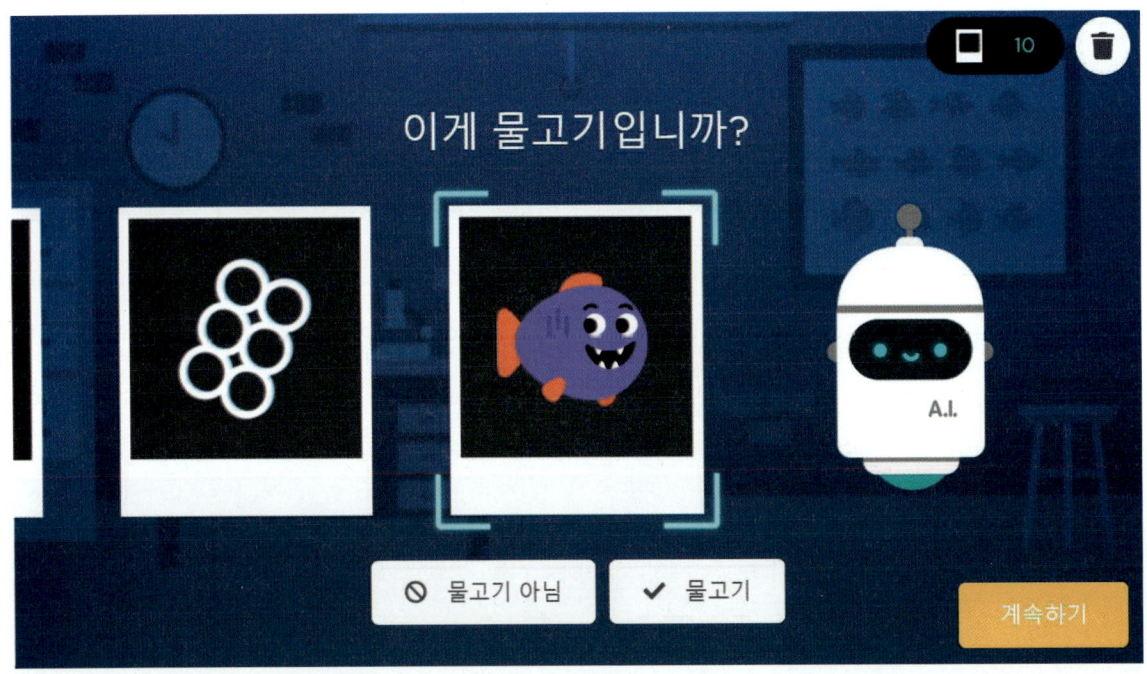

결과를 확인하여, 인공지능의 성능을 확인하여 봅시다.(물고기 테스트 데이터와 쓰레기 테스트 데이터는 각각 20개이므로, 전체 테스트 데이터는 40개입니다.)

물고기를 물고기로 인식	
쓰레기를 물고기로 인식	
쓰레기를 물고기로 인식	
물고기를 쓰레기로 인식	

5. '학습 더 하기'를 누르고, 20개를 더 학습하여 30개의 데이터를 인공지능에게 학습 시킨 후 성능을 확인하여 봅시다.

물고기를 물고기로 인식	
쓰레기를 물고기로 인식	
쓰레기를 물고기로 인식	
물고기를 쓰레기로 인식	

- 10개의 데이터를 학습한 인공지능과 30개의 데이터를 학습한 인공지능 중 어떤 인공지능이 물고기와 쓰레기를 잘 인식하였나요?

(Q1   )

- 인공지능이 정확하게 물고기를 인식하려면 어떻게 해야 할까요?

(Q2   )

[활동 2] 목적에 맞게 인공지능을 학습시켜 보기

1. [활동 1]에서 '물고기'와 '물고기 아님'으로 인공지능을 학습시켜 보았습니다. 이 학습 데이터가 바닷속에 있어야 할 생물(예 : 문어, 해마 등)들을 결정하는 데 사용된다면 다른 해양 생물들은 어떻게 될까요?

(Q3   )

2. 해양 생물들은 물고기가 아닐지라도 바다에 있어야 합니다. 인공지능은 우리가 가르친 것만 학습합니다. 인공지능이 바닷속 생물과 쓰레기를 구분하는 학습을 위한 질문은 무엇일까요?

(Q4   )

3. 인공지능이 목적에 맞게 데이터를 구분하도록 해 봅시다.

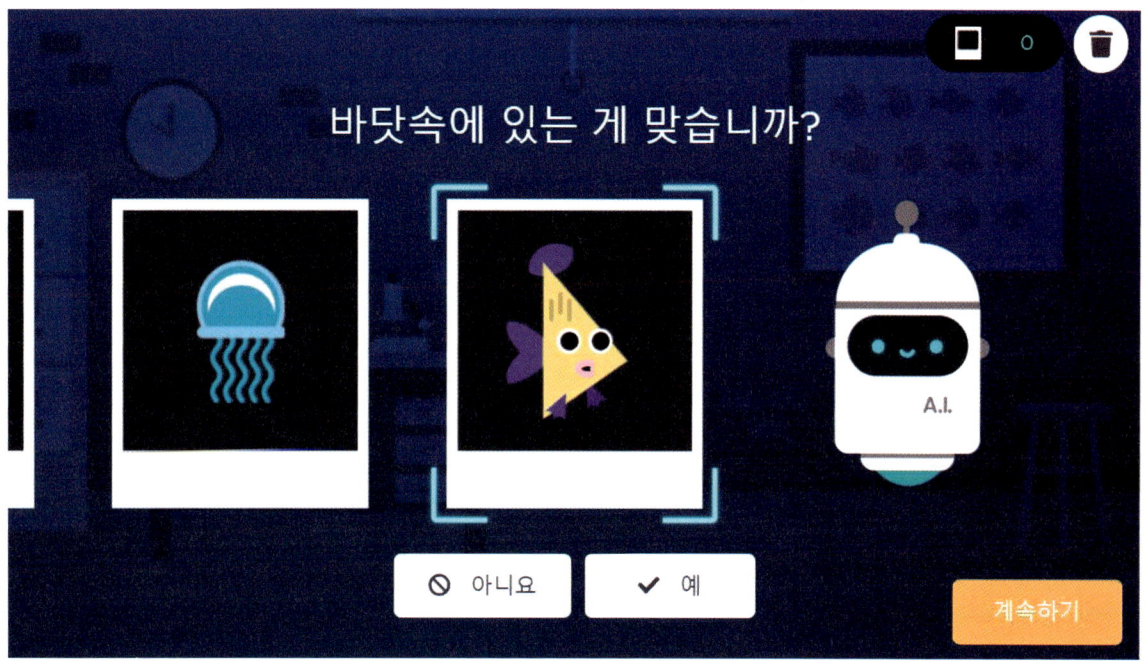

정리하기

머신러닝은 컴퓨터가 직접 수많은 데이터를 분석하여 알맞은 규칙을 스스로 찾아냅니다. 사람들이 좋아하는 영상이나 상품을 추천하는 등 여러 분야에 사용되고 있습니다.

- 지도 학습
- 비지도 학습
- 강화 학습

- 정답을 알려주지 않고 규칙을 스스로 발견하게 하는 방법
- 정답을 알려주며 학습시키는 방법
- 실패와 성공의 과정을 반복하며 학습해나가는 방법

3. 인공지능이 목적에 맞게 데이터를 구분하도록 해 봅시다.

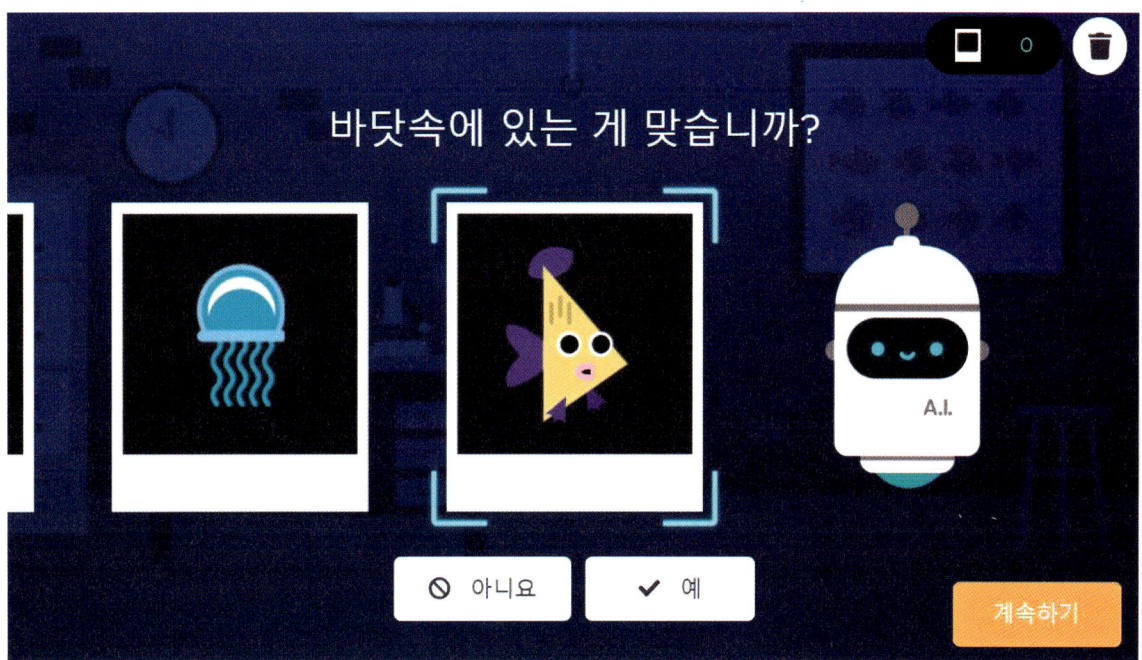

정리하기

머신러닝은 컴퓨터가 직접 수많은 데이터를 분석하여 알맞은 규칙을 스스로 찾아냅니다. 사람들이 좋아하는 영상이나 상품을 추천하는 등 여러 분야에 사용되고 있습니다.

- 지도 학습 ・ 정답을 알려주지 않고 규칙을 스스로 발견하게 하는 방법

- 비지도 학습 ・ 정답을 알려주며 학습시키는 방법

- 강화 학습 ・ 실패와 성공의 과정을 반복하며 학습해나가는 방법

PART 03

인공지능, 인간의 뇌를 흉내내다.

01 인공신경망

 인간의 뇌를 흉내 낸 기계의 뇌

인간의 뉴런과 인공신경망

인간의 뇌는 뉴런이라는 신경단위체로 이루어져 있어요. 이 뉴런들이 서로 연결돼서, 외부에서 오는 정보를 받고 처리해서 결정을 내리는 일을 해요. 사람의 신경 단위는 뉴런이라 불리지만, 컴퓨터에서는 노드(인공뉴런)라고 불립니다.

컴퓨터에서는 이런 뉴런을 모방한 노드들이 모여서 인공신경망이라는 컴퓨터 프로그램을 만들어요. 인공신경망은 뇌처럼 정보를 처리하고 배우는 데 도움을 주는 기계의 뇌라고 할 수 있어요.

그래서 인공신경망을 사용하면, 컴퓨터가 사람처럼 생각하고 배울 수 있게 돼요. 이렇게 컴퓨터가 똑똑해지는 거죠!

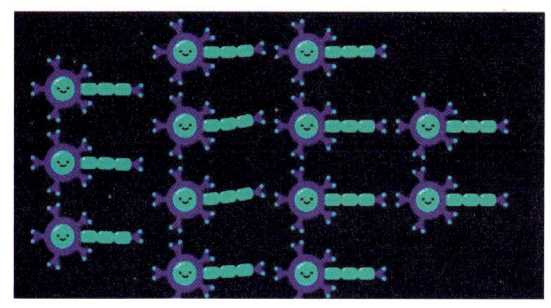
뇌세표 = 신경세포 = 뉴런

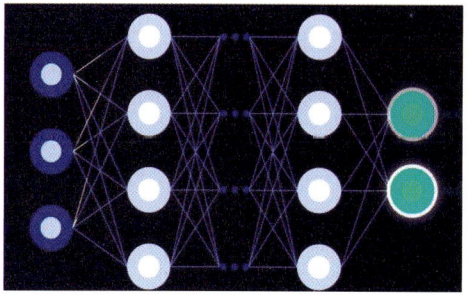
인공신경망

사실, 인간의 뇌는 복잡한 구조를 가지고 있어서 완벽한 설명은 어렵지만, 경험을 통해 학습하는 것이 그 중요한 특징 중 하나입니다. 뉴런들은 서로 연결되어 있는데 경험을 통해 얻은 정보를 주고받으며, 새로운 것을 배울 때마다 뉴런의 연결이 변화해요. 변화 과정에서 일부 뉴런들은 더 강하게 연결되고, 반면 다른 뉴런들의 연결은 약해지기도 합니다.

인공신경망도 작은 계산 단위인 노드들이 뉴런처럼 서로 연결되어 있어요. 컴퓨터는 데이터를 학습하는 과정에서 연결들의 강도를 조절하여 어떤 것을 배울지 결정할 수 있어요. 연결 강도를 바꾸는 것은 중요한 역할을 하며 컴퓨터를 인간의 뇌처럼 강력하게 만들어 줍니다.

인공신경망은 뇌처럼 변화하고 진화하며, 컴퓨터가 새로운 것을 배우고 더 효율적인 방법으로 문제를 해결할 수 있도록 도와줍니다. 결론적으로, 인공신경망은 사람의 뇌와 유사한 방식으로 작동하고 학습하는 컴퓨터 프로그램이라고 볼 수 있습니다.

Q1 인간의 뇌에서 정보를 주고받는 단위는 무엇인가요?

a. 노드
b. 뉴런
c. 전자
d. 세포

Q2 인공신경망은 무엇을 모방해서 만들어졌나요?

인공신경망은 인간의 (　　)를 모방해서 만들어졌어요. 인간의 뇌에 있는 (　　)이라는 신경 단위를 컴퓨터에서는 (　　)로 표현해요.

Q3 인공신경망에서 노드들 사이의 연결 강도를 바꿈으로써 어떤 것을 할 수 있나요?

a. 컴퓨터의 전원을 켜고 끄기
b. 컴퓨터가 어떤 것을 배울지 결정하기
c. 컴퓨터의 색상 변경하기
d. 컴퓨터 화면의 크기 조절하기

02 딥러닝

인공신경망으로 학습해요!

딥러닝의 등장!

딥러닝은 머신러닝의 한 분야로 인공신경망을 사용하여 컴퓨터가 스스로 학습하도록 하는 방법을 연구하는 분야예요. 딥러닝이 처음을 등장한 것은 2012년 이미지 인식기술을 겨루는 ImageNET 대회였어요. 이 대회에서 캐나다 토론토 대학의 연구팀은 딥러닝을 기반으로 한 알렉스넷(AlexNet)이라는 인공지능 모델을 활용하여 ImageNET이 제공하는 1,000개의 사물의 이미지 100만 장을 분류하는 데 오류율 16%로 압도적인 우승을 거머쥐며 딥러닝 시대를 열었어요. 이후로 ImageNET 대회는 더욱 발전된 딥러닝 기반 이미지 인식 알고리즘들이 등장했고 오류율을 3.5%까지 줄이며 사람의 이미지 인식 능력을 능가했어요. 현재 딥러닝은 이 외에도 음성 인식, 자연어 처리, 추천시스템 등 다양한 분야에서 활용되고 있답니다.

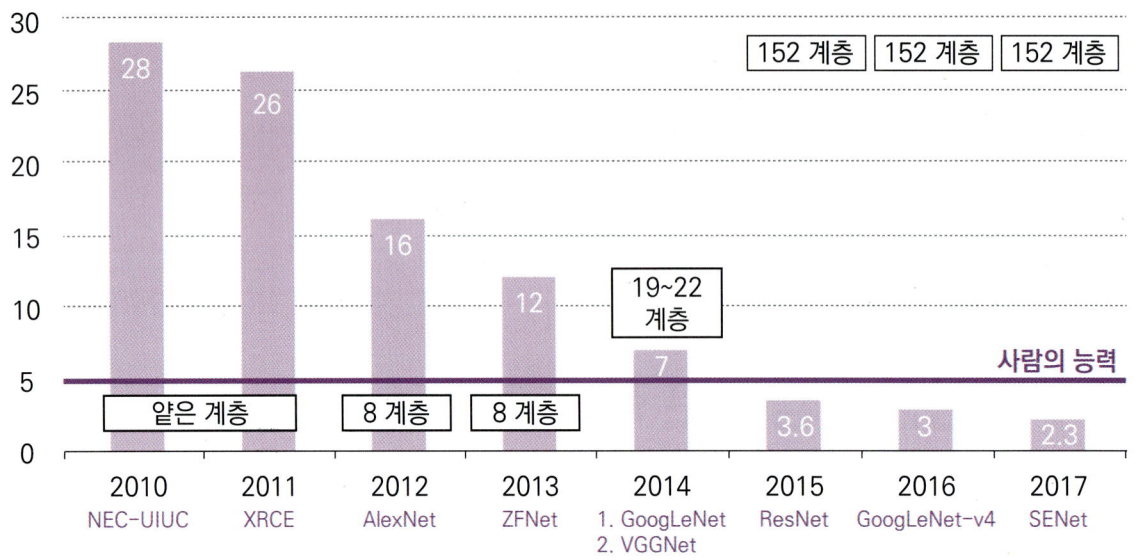

▲ 이미지 인식 알고리즘의 분류 에러율(%)

딥러닝과 기존의 머신러닝은 어떻게 다를까?

기존의 머신러닝에서는 인공지능 모델에게 '이건 고양이야, 저건 개야'라고 가르쳐줄 때, 사람이 직접 '고양이는 귀가 삼각형이야, 개는 꼬리가 굵어'라고 더 자세하게 알려줘야 했어요. 이런 정보들이 바로 '특징'이라고 할 수 있어요.

그런데 딥러닝을 사용하면 어떻게 될까요? 고양이 사진과 개 사진을 컴퓨터에게 준 다음에 '이 사진들은 고양이야, 저 사진들은 개야'라고 레이블만 붙여주면 됩니다. 그럼 딥러닝 기반 인공지능 모델은 스스로 '아, 고양이는 귀가 삼각형이구나, 개는 꼬리가 굵구나'라고 학습하게 돼요. 즉, 딥러닝은 특징을 알아서 찾아낼 수 있어요.

그리고 딥러닝은 매우 복잡한 문제도 해결할 수 있어요. 그 이유는 딥러닝이 여러 층에서 각기 다른 특징과 패턴을 학습할 수 있기 때문이에요. 이런 계층적인 학습 덕분에 사진, 음성, 텍스트와 같은 비정형데이터를 활용하여 이미지 인식, 자연어 처리, 음성 인식 같은 복잡한 문제도 처리할 수 있게 됐어요.

하지만, 딥러닝은 머신러닝보다 더 많은 데이터와 더 강력한 컴퓨터가 필요해요. 그래서 이런 자원이 충분하지 않은 경우에는 머신러닝이 더 적합할 수 있답니다. 따라서 어떤 방법을 선택할지는 문제의 상황에 따라 다르답니다.

궁금해요!

정형 데이터는 일정한 형식과 구조를 갖춘 데이터를 말합니다. 예를 들어, 앞에서 배운 레모네이드 판매량이 기록된 표나 학생들의 과목별 성적표와 같은 데이터가 정형 데이터입니다. 반면에, 비정형 데이터는 구조가 없거나 일정한 형식을 갖추지 않은 데이터를 말합니다. 예를 들어, 사진, 음성, 텍스트와 같은 데이터가 비정형 데이터입니다.
정형 데이터는 일정한 형식을 갖춘 데이터이며, 비교적 쉽게 처리될 수 있지만 비정형 데이터는 구조가 없거나 일정한 형식을 갖추지 않은 데이터로, 처리하기 어려운 부분이 있습니다.

구분	머신러닝	딥러닝
데이터	적은 데이터, 정형 데이터	빅데이터, 비정형 데이터
학습	사람이 데이터 특성을 추출	인공신경망 활용, 스스로 데이터 특성을 추출

03 콘볼루션 신경망

딥러닝의 시작, 사물을 인식하는 인공신경망

이 챕터에서는 이미지를 분류하는 데에 인간의 능력보다 더 높은 성능을 발휘하는 인공지능 알고리즘인 CNN(콘볼루션 신경망)에 대해 알아볼 거예요.

컴퓨터가 이미지를 이해하는 방식과 합성곱 신경망의 역할

우리는 사진을 볼 때, 사진 속에 있는 개나 사람이 어디에 있는지 쉽게 파악할 수 있습니다. 그러나 컴퓨터는 우리와 달리 이미지를 '보는 것'이 아닙니다. 사실, 컴퓨터에게 이미지란 단지 숫자들의 나열일 뿐이에요.

컴퓨터 모니터를 돋보기로 살펴보면, 수많은 작은 점들이 모여 이미지를 만드는 것을 볼 수 있어요. 이 작은 점들을 '픽셀'이라고 부릅니다. 각 픽셀은 작은 전구와 같은 역할을 하며, 빨강, 초록, 파란색의 세 가지 '빛'을 발생시킬 수 있습니다. 이 세 가지 색의 강도를 조절하여 다양한 색상을 생성하는 것이죠.

그렇다면, 컴퓨터에게 사진은 어떻게 표현될까요? 사진은 그저 각 픽셀의 색상을 나타내

는 숫자들의 집합이며, 이 숫자들은 그 픽셀이 얼마나 '밝은지' 혹은 '어두운지'를 나타냅니다.

예를 들어, 흑백 이미지에서 각 픽셀의 값은 0부터 255까지의 숫자를 가질 수 있어요. 0은 완전히 검은색을, 255는 완전히 흰색을 나타내죠. 따라서, 컴퓨터에게 사진은 이런 숫자들로 이루어진 거대한 표일 뿐입니다.

이제 컴퓨터가 이 숫자들을 이용해서 어떻게 이미지를 '이해'하고, 사물을 인식하는지를 생각해볼까요? 그것이 바로 합성곱 신경망(Convolutional Neural Networks, CNN)의 역할입니다. CNN은 이미지의 숫자 정보, 즉 픽셀 값들을 입력으로 받아 패턴을 찾아내고, 그 패턴을 바탕으로 물체를 인식하도록 도와주는 알고리즘입니다. CNN은 이런 패턴을 찾아내서 사진 속의 강아지를 구별할 수 있습니다.

우리와는 다르게 컴퓨터는 사진을 '보는' 방식이 매우 다르지만, CNN을 통해 우리는 컴퓨터에게 물체를 인식하도록 가르칠 수 있습니다.

동물의 시각 시스템에서 영감을 얻은 합성곱 신경망

1959년, 두 명의 연구자인 David Hubel과 Torsten Wiesel은 고양이의 뇌가 이미지를 어떻게 인식하는지에 대한 실험을 했어요. 이를 위해 마취된 고양이의 뇌에 전기 신호를 보내고 고양이 앞에 이미지를 보여줬어요.

연구자들은 고양이 뇌에서 특정 이미지, 예를 들어 사각형이나 원 모양을 인식하는 뉴런을 찾을 생각이었지만, 그들은 특정 각도의 선이나 특정 무늬의 이미지를 볼 때만 활성화되는 뉴런을 발견했어요.

이런 발견은 컴퓨터가 이미지를 인식하고 처리하는 방법에 영감을 줬고, CNN(콘볼루션 신경망) 같은 딥러닝 기반 이미지 처리 신경망이 개발되게 됐어요.

▲ 멀리서 본 물체들

우리가 멀리 있는 사물을 볼 때 경계선이 분명하지 않아 어떤 물체인지 분류하기 어려울 수 있어요. 경계선은 사물의 윤곽이나 형태를 나타내는 중요한 정보예요. 뇌는 이러한 경계선 정보를 활용하여 물체를 인식하고 분류하는 데 도움을 받아요.

CNN(콘볼루션 신경망)도 마찬가지로 경계선을 중요한 특징으로 활용해요. 이미지 처리에서 인공신경망은 입력된 이미지의 특징을 추출하는데 그중에는 경계선 정보도 포함이 돼요. 이러한 경계선 정보를 활용하여 인공신경망은 이미지 내의 물체를 인식하고 분류할 수 있어요.

퀴즈1.

그림과 같이 특정한 각도의 선을 보면 활성화되는 4개의 뉴런이 있다고 가정합니다.

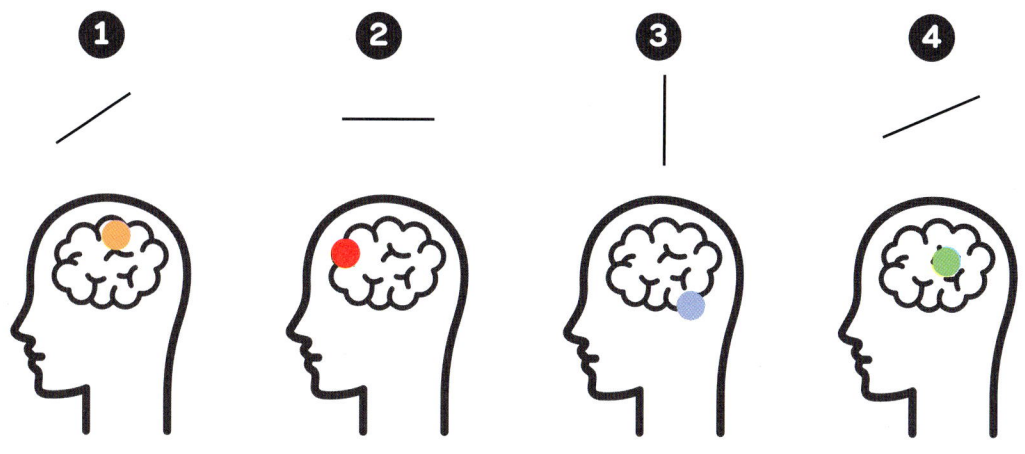

밑에 도형을 봤을 때 활성화 되는 부분을 표시해 보세요.

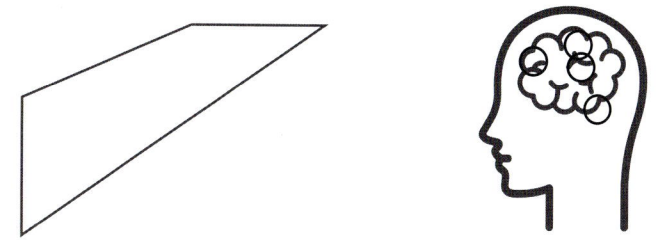

제3장 인공지능, 인간의 뇌를 흉내내다. 73

> **HINT**
> 뉴런마다 다른 모양의 특징을 인식하도록 뉴런의 역할이 나뉘기 때문에 어떤 모양의 형체가 보여졌을 때 모양에 따라 서로 다른 뉴런이 반응해요.

퀴즈2.

이를 바탕으로 다음 기능에 대해 활성화되는 4개의 뉴런이 있다고 가정해 보겠습니다.

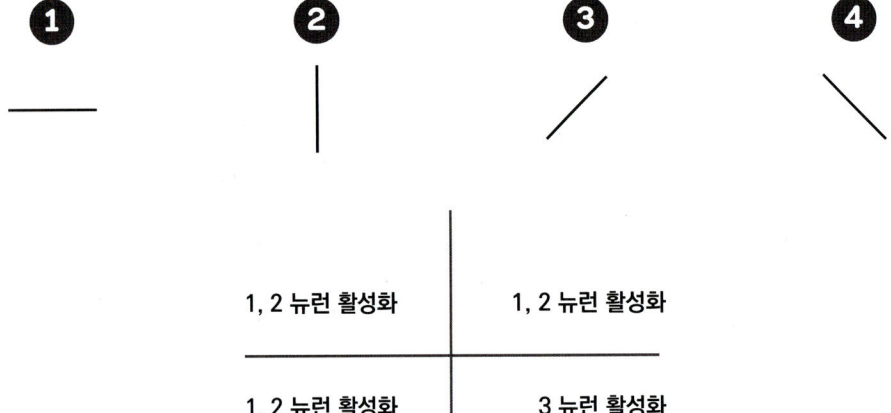

위와 같은 활성화가 주어졌을 때 이 이미지 중 어느 것에 적용할 수 있습니까?

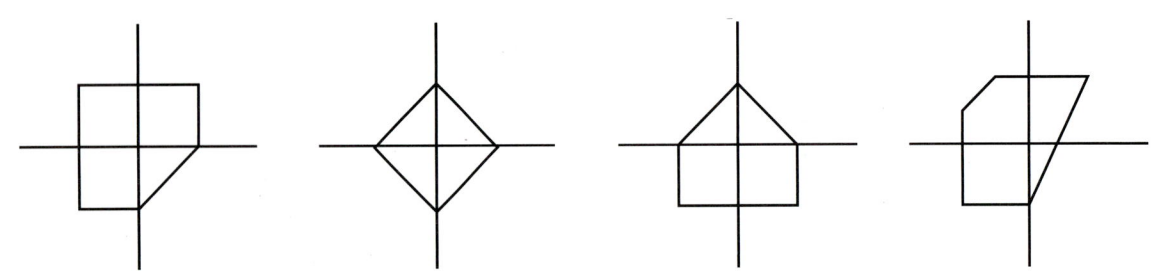

합성곱 필터

인공지능의 이미지 인식을 열심히 연구하던 학자들은 이미지 숫자 정보에 어떤 값을 곱하면 이미지가 필터를 씌우듯 다양하게 변한다는 것을 알게 되었어요. 특히 어떤 특정한 숫자들을 곱하면 이미지에서 다양한 윤곽선을 나타낼 수 있다는 것도 알게 되었어요. 이렇게 특정 윤곽선이나 특정 무늬를 이미지에서 나타내도록 숫자를 곱하는 것을 합성곱이라고 부르고 그 결과의 이미지에 합성곱 필터를 적용한 결과를 특징 지도라고 불러요.

간단하게 원리를 설명하자면 이미지에서 강조하고 싶은 부분은 큰 수를, 나타내고 싶지 않은 부분은 작은 수를 곱하여 이미지를 파악합니다. 특정 윤곽선들에 반응하여 사물을 인식하는 동물의 시각 시스템처럼 숫자값으로 이루어진 컴퓨터 이미지들도 특정 숫자들을 합성곱하면 윤곽선이 드러나는 특징 지도를 얻어내어 인공신경망을 통해 사물의 특징들을 발견하고 인식할 수 있는 인공지능 모델을 만드는 것이 가능하게 되었어요.

-1	0	+1
-2	0	+2
-1	0	+1

Sobel-X
(vertical)

소벨-X 필터는 세로 경계선을 감지하는 데 사용됩니다. 이 필터를 이미지에 적용하면, 이미지에서 세로선(즉, 상하 방향의 경계선)이 강조됩니다. 예를 들어, 사람 얼굴 사진에 소벨-X 필터를 적용하면, 코나 뺨 같은 세로로 뻗은 경계선들이 뚜렷하게 나타납니다.

+1	+2	+1
0	0	0
-1	-2	-1

Sobel-Y
(horizontal)

반면에 소벨-Y 필터는 가로 경계선을 감지하는 데 사용됩니다. 이 필터를 이미지에 적용하면, 이미지에서 가로선(즉, 좌우 방향의 경계선)이 강조됩니다. 같은 사람 얼굴 사진에 소벨-Y 필터를 적용하면, 눈썹이나 입술 같은 가로로 뻗은 경계선들이 뚜렷하게 나타나는 것이죠.

퀴즈3.

Sobel- x 필터를 적용한 이미지와 sobel-y 필터를 적용한 이미지에서 여성의 눈썹을 찾아보세요. 어떤 이미지에서 눈썹이 도드라지나요? 이유도 함께 적어보세요!

1) sobel-x

2) sobel-y

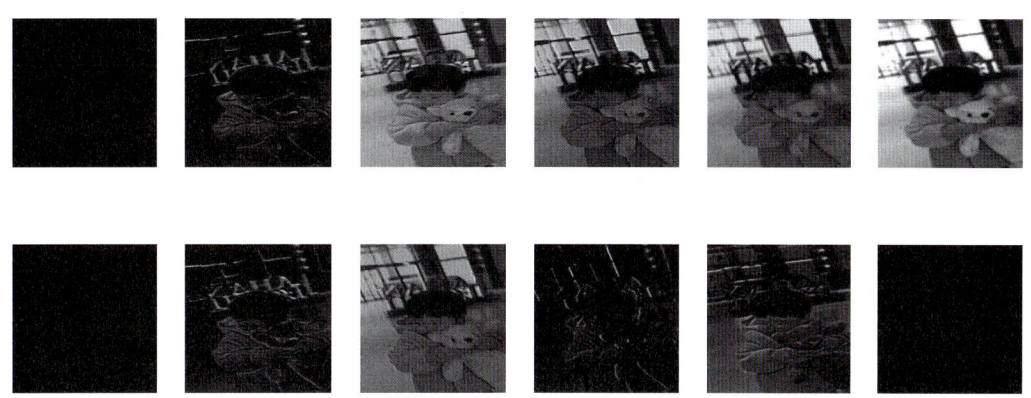

▲ 다양한 합성곱 필터

컨볼루션 필터는 이미지의 특징을 추출하는 데 사용되는 여러 가지 필터입니다. 이러한 필터는 각각 다른 패턴이나 특징을 감지하도록 설계되며, CNN의 학습 과정에서 업데이트됩니다. 여기 몇 가지 대표적인 컨볼루션 필터의 종류를 소개합니다.

- **에지 검출 필터(Edge Detection Filters)**: 에지 검출 필터는 이미지에서 경계선이나 모서리를 감지하는 데 사용됩니다. 수직, 수평, 대각선 방향의 경계선을 감지하기 위해 다양한 종류의 에지 검출 필터가 있습니다. 대표적인 에지 검출 필터로는 Sobel, Prewitt, Scharr 등이 있습니다.

- **샤프닝 필터(Sharpening Filters)**: 샤프닝 필터는 이미지의 선명도를 높이거나, 경계선을 강조하는 데 사용됩니다. 대표적인 샤프닝 필터로는 Laplacian, Unsharp Mask 등이 있습니다. Laplacian 필터는 이미지의 두 번째 도함수를 계산하여 경계선을 강조하며, Unsharp Mask는 원본 이미지에서 블러(Blur) 처리된 이미지를 빼서 경계선을 강조합니다.

- **방향성 필터(Directional Filters)**: 방향성 필터는 이미지의 특정 방향의 특징을 감지하는 데 사용됩니다. 이 필터들은 이미지의 방향성 패턴, 질감 및 모양 정보를 추출하는 데 도움이 됩니다. 대표적인 방향성 필터로는 Gabor 필터가 있습니다. Gabor 필터는 주어진 방향과 주파수의 지역적인 패턴을 감지하도록 설계되어 있습니다.

- **질감 필터(Texture Filters)**: 질감 필터는 이미지의 다양한 질감 패턴을 인식하는 데 사용됩니다. 대표적인 질감 필터로는 로컬 이진 패턴(Local Binary Pattern, LBP)이 있습니다. LBP는 이미지의 각 픽셀 주변에서 이진 패턴을 생성하여 질감 정보를 추출합니다.

위와 같은 컨볼루션 필터는 이미지의 다양한 특징과 패턴을 추출하는 데 사용되며, 각 필터는 서로 다른 역할을 수행합니다. 이러한 필터들은 CNN의 초기 계층에서는 저수준 특징(색상, 경계, 질감 등)을 추출하는 데 사용되며, 깊은 계층에서는 더 복잡한 고수준 특징(물체의 일부분, 특정 물체의 형태 등)을 학습하게 됩니다.

합성곱 신경망의 구조

컴퓨터는 사진을 보는 방식이 사람이 퍼즐을 맞추는 것과 비슷하다고 생각하면 됩니다. 사진을 보면서 가장 먼저 간단한 부분, 예를 들어 색상이나 직선, 곡선 같은 것부터 찾아냅니다. 이렇게 간단한 부분들을 찾아내는 것을 도와주는 기술이 바로 합성곱입니다. 합성곱은 필터라는 것을 사용해서 사진의 각 부분에서 특정한 패턴을 찾아내는 것이죠.

합성곱을 사용해서 찾아낸 이 간단한 부분들을 모아보면, 점점 더 복잡한 부분, 예를 들어 어떤 사물의 일부분을 이해할 수 있게 됩니다. 이렇게 찾아낸 복잡한 부분들을 모아서, 전체 사진이 무엇인지를 이해하게 되는 것이죠.

그런데, 이런 이해 과정이 바로 합성곱 신경망이라는 기술을 통해 이루어집니다. 합성곱 신경망은 사진의 간단한 부분부터 시작해서, 점점 더 복잡한 부분까지 이해하도록 컴퓨터를 학습시키는 것이죠.

합성곱 신경망의 마지막 단계에서는, 이렇게 찾아낸 모든 정보를 바탕으로 사진에 어떤 사물이 있는지를 결정하게 됩니다. 이런 결정 과정을 '분류'라고 합니다. 즉, 합성곱 신경망은 사진을 보면서 특징을 찾아내고, 그 특징들을 바탕으로 사진을 분류하는 것이죠. 이렇게 합성곱 신경망을 통해 컴퓨터는 사진 속에 무엇이 있는지를 알아낼 수 있게 됩니다.

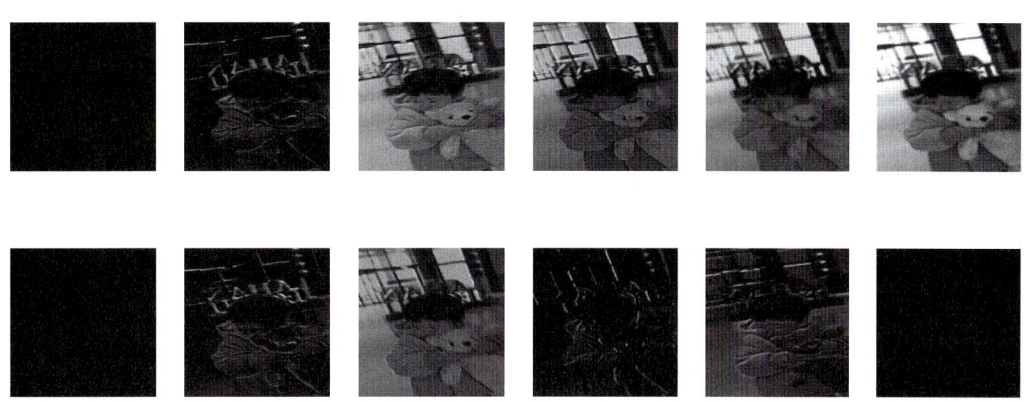

▲ 다양한 합성곱 필터

컨볼루션 필터는 이미지의 특징을 추출하는 데 사용되는 여러 가지 필터입니다. 이러한 필터는 각각 다른 패턴이나 특징을 감지하도록 설계되며, CNN의 학습 과정에서 업데이트됩니다. 여기 몇 가지 대표적인 컨볼루션 필터의 종류를 소개합니다.

- **에지 검출 필터(Edge Detection Filters)**: 에지 검출 필터는 이미지에서 경계선이나 모서리를 감지하는 데 사용됩니다. 수직, 수평, 대각선 방향의 경계선을 감지하기 위해 다양한 종류의 에지 검출 필터가 있습니다. 대표적인 에지 검출 필터로는 Sobel, Prewitt, Scharr 등이 있습니다.

- **샤프닝 필터(Sharpening Filters)**: 샤프닝 필터는 이미지의 선명도를 높이거나, 경계선을 강조하는 데 사용됩니다. 대표적인 샤프닝 필터로는 Laplacian, Unsharp Mask 등이 있습니다. Laplacian 필터는 이미지의 두 번째 도함수를 계산하여 경계선을 강조하며, Unsharp Mask는 원본 이미지에서 블러(Blur) 처리된 이미지를 빼서 경계선을 강조합니다.

- **방향성 필터(Directional Filters)**: 방향성 필터는 이미지의 특정 방향의 특징을 감지하는 데 사용됩니다. 이 필터들은 이미지의 방향성 패턴, 질감 및 모양 정보를 추출하는 데 도움이 됩니다. 대표적인 방향성 필터로는 Gabor 필터가 있습니다. Gabor 필터는 주어진 방향과 주파수의 지역적인 패턴을 감지하도록 설계되어 있습니다.

- **질감 필터(Texture Filters)**: 질감 필터는 이미지의 다양한 질감 패턴을 인식하는 데 사용됩니다. 대표적인 질감 필터로는 로컬 이진 패턴(Local Binary Pattern, LBP)이 있습니다. LBP는 이미지의 각 픽셀 주변에서 이진 패턴을 생성하여 질감 정보를 추출합니다.

위와 같은 컨볼루션 필터는 이미지의 다양한 특징과 패턴을 추출하는 데 사용되며, 각 필터는 서로 다른 역할을 수행합니다. 이러한 필터들은 CNN의 초기 계층에서는 저수준 특징(색상, 경계, 질감 등)을 추출하는 데 사용되며, 깊은 계층에서는 더 복잡한 고수준 특징(물체의 일부분, 특정 물체의 형태 등)을 학습하게 됩니다.

합성곱 신경망의 구조

컴퓨터는 사진을 보는 방식이 사람이 퍼즐을 맞추는 것과 비슷하다고 생각하면 됩니다. 사진을 보면서 가장 먼저 간단한 부분, 예를 들어 색상이나 직선, 곡선 같은 것부터 찾아냅니다. 이렇게 간단한 부분들을 찾아내는 것을 도와주는 기술이 바로 합성곱입니다. 합성곱은 필터라는 것을 사용해서 사진의 각 부분에서 특정한 패턴을 찾아내는 것이죠.

합성곱을 사용해서 찾아낸 이 간단한 부분들을 모아보면, 점점 더 복잡한 부분, 예를 들어 어떤 사물의 일부분을 이해할 수 있게 됩니다. 이렇게 찾아낸 복잡한 부분들을 모아서, 전체 사진이 무엇인지를 이해하게 되는 것이죠.

그런데, 이런 이해 과정이 바로 합성곱 신경망이라는 기술을 통해 이루어집니다. 합성곱 신경망은 사진의 간단한 부분부터 시작해서, 점점 더 복잡한 부분까지 이해하도록 컴퓨터를 학습시키는 것이죠.

합성곱 신경망의 마지막 단계에서는, 이렇게 찾아낸 모든 정보를 바탕으로 사진에 어떤 사물이 있는지를 결정하게 됩니다. 이런 결정 과정을 '분류'라고 합니다. 즉, 합성곱 신경망은 사진을 보면서 특징을 찾아내고, 그 특징들을 바탕으로 사진을 분류하는 것이죠. 이렇게 합성곱 신경망을 통해 컴퓨터는 사진 속에 무엇이 있는지를 알아낼 수 있게 됩니다.

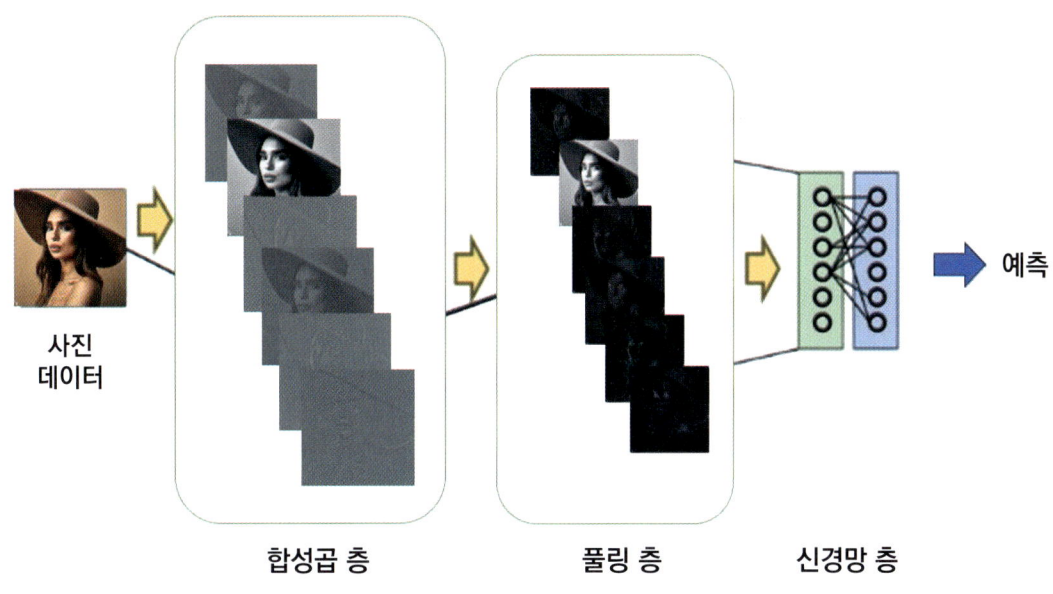

▲ 합성곱 신경망 구조

합성곱 신경망(Convolutional Neural Network, CNN)의 작동 방식을 이해하는 데 필요한 주요 단계들은 다음과 같아요.

- **합성곱 층(Convolutional Layer)** : 이 과정은 우리가 처음으로 무언가를 볼 때 처음 눈에 띄는 것들, 예를 들면 선이나 모양, 색상 등을 인식하는 단계예요. 이 단계에서는 입력 이미지에 여러 개의 필터가 적용됩니다. 이 필터들은 이미지의 작은 부분(예 : 3x3 또는 5x5 픽셀)에 적용되며, 각 필터는 고유한 특성(예 : 가장자리, 색상, 질감 등)을 감지합니다. 이 과정은 이미지 전체에 걸쳐 반복되며, 결과적으로 각 필터에 대한 특징 지도(Feature Map)가 생성됩니다.

- **풀링 층(Pooling Layer)** : 풀링 계층은 특징 지도의 크기를 줄이는 역할을 합니다. 이를 통해 CNN은 이미지의 크기 변화에 덜 민감하게 되며, 계산량을 줄일 수 있습니다. 이 단계는 마치 우리가 본 것 중에서 가장 중요하고 필요한 부분들만 골라내는 것과 같습니다. 가령, 어떤 사물을 바라볼 때 그 사물의 전체를 볼 필요는 없고, 가장 중요하고 눈에 띄는 부

분만으로도 그것이 무엇인지 판단할 수 있죠. 컴퓨터도 이와 같이 중요한 정보만 남기고, 그 외에는 버립니다.

- **신경망 층**(Fully Connected Layer) : 이건 '결론을 내는 단계'라고 볼 수 있습니다. 여기서 지금까지 모은 모든 정보를 종합해서 판단을 내립니다. '아, 이 사진에는 선이 많고, 원 모양도 있고, 강아지 귀 같은 것도 보이네. 그럼 이 사진은 강아지일 거야!'라고 결론을 내리는 거죠.

이 과정을 통해 CNN은 사진이나 이미지에서 복잡한 패턴을 학습하고, 그 이미지가 어떤 카테고리에 속하는지를 분류하게 됩니다. CNN은 이러한 구조를 통해 다양한 이미지 인식 작업에 매우 효과적인 결과를 보이며, 고양이와 강아지를 구분하는 것부터 얼굴 인식, 자율주행 자동차를 위한 사물 인식 등에 사용됩니다.

> 정리하기
>
> 1959년, 두 명의 연구자인 David Hubel과 Torsten Wiesel은 고양이 뇌에서 특정 이미지, 예를 들어 사각형이나 원 모양을 인식하는 뉴런을 찾을 생각이었지만, 그들은 특정 각도의 선이나 특정 무늬의 밝기와 어둠이 있는 이미지를 볼 때만 활성화되는 뉴런을 발견했어요. 이런 발견은 컴퓨터가 이미지를 인식하고 처리하는 방법에 영감을 줬고, CNN 같은 현대적인 이미지 처리 신경망 알고리즘이 개발되게 됐어요.

04 실습

🚗 언플러그드로 CNN과 친해지기

[활동1] CNN 알고리즘을 체험해 볼까요?

☺ 슈링클스로 CNN 콘불루션 과정 만들기

 준비물 슈링클스 종이 3장, 노란색 싸인펜, 빨간색 싸인펜, 파란색 싸인펜

활동 방법

① 〈보기〉에 제시된 6개의 그림 중 하나를 선택한다.

② 콘불루션 필터의 특성을 활용하여 3장의 필터를 만든다. (3장의 슈링클스 종이 필터 준비)
　ⓐ soble-x 필터
　　- 첫 번째 슈링클스 종이 필터를 자신이 선택한 그림 위에 겹치고, 비친 그림 속 세로로 뻗은 경계선들을 노란색 싸인펜으로 슈링클스 종이 위에 덧그린다.
　ⓑ soble-y 필터
　　- 두 번째 슈링클스 종이 필터를 자신이 선택한 그림 위에 겹치고, 비친 그림 속 가로로 뻗은 경계선들을 찾아 파란색 싸인펜으로 슈링클스 종이 위에 덧그린다.
　ⓒ 나만의 필터
　　- 세 번째 슈링클스 종이 필터를 자신이 선택한 그림 위에 겹치고, 선택한 그림에서 가장 많이 보이는 특정 각도나 특정 색을 정하여 빨간색 싸인펜으로 슈링클스 종이 위에 덧그린다.
　　※ 내가 선택한 그림이 무엇인지 다른 친구들은 알지 못하도록 하는 것에 주의하며 필터를 만든다.

③ 옆 친구에게 내가 만든 3개의 필터를 하나씩 따로따로 보여주고, 내가 선택한 그림이 어떤 그림인지 맞추도록 퀴즈를 내본다.

♪ 친구는 어떤 필터를 보고 내가 선택한 그림을 맞췄나요? (O , X)

④ 내가 만든 3장의 필터들을 뜨거운 바람이 나오는 드라이기로 1~2분 동안 열을 가해 필터의 크기를 축소시킨다.

♪ 3가지의 필터 중 어떤 필터가 그림의 중요한 특징들을 가장 잘 표현하고 있나요?
　———————————————————

⑤ 크기가 축소된 필터들을 다시 한번 옆 친구에게 보여주고 각 필터에서 뚜렷하게 나타나는 특징이 무엇인지 이야기 나눈다.

♪ 축소된 필터에는 내가 선택한 그림의 어떤 특징들이 잘 드러나있나요?
　———————————————————

♪ 3개의 필터를 서로 겹쳐보세요. 어떤 형태가 되었나요?.
　———————————————————

⑥ [더 알아보기] 내용과 연결지어 지금까지 한 언플러그드 활동에서 찾아볼 수 있었던 컨볼루션 필터의 기능과 맥스풀링 기능이 무엇인지 생각해본다.

♪ 이것으로 알 수 있는 CNN의 특징은 무엇일까요? (Hint. [더 알아보기] 컨볼루션 필터, 맥스풀링)
　———————————————————

〈보기〉

> 더 알아보기

- **CNN 알고리즘 예시(LENET*-5)**

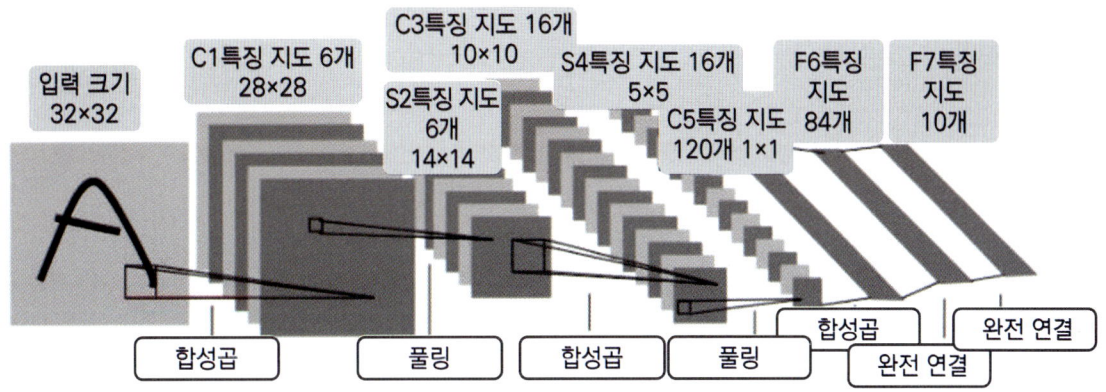

- **맥스풀링의 과정(이미지 축소)**

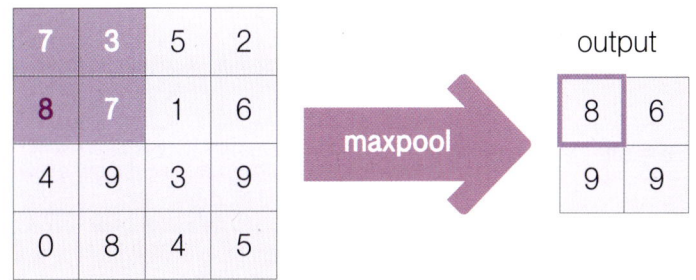

▲ 2×2영역 맥스풀링

합성곱 필터를 많이 활용하면 특징을 더 잘 찾아낼 수 있다. 하지만 데이터가 늘어나 학습하는 데 시간이 길어진다. 맥스풀링이라는 기법을 이용하면 이미지의 중요한 특징은 살리고 크기를 줄일 수 있어 학습 시간을 줄일 수 있다. 위의 그림처럼 이미지의 2×2영역에서 가장 큰 값을 대푯값으로 삼아 크기를 반으로 줄인다.

---

* LENET : Yann LeCun이 개발한 CNN 알고리즘. YANN LeCun은 프랑스 사람으로 CNN 개념을 최초로 개발한 사람이다.

[활동2] CNN 알고리즘으로 숫자를 분류하는 과정을 알아봅시다.

☺ 다음 사이트로 이동하여 CNN 알고리즘을 기반으로 한 인공지능 모델이 필기 숫자들을 학습하는 과정을 직접 살펴보세요.

사이트 바로가기

Network Visualization

input (24x24x1)
max activation: 1, min: 0
max gradient: 0.03372, min: -0.01976

Activations:

Activation Gradients:

conv (24x24x8)
filter size 5x5x1, stride 1
max activation: 2.13054, min: -2.83244
max gradient: 0.01337, min: -0.00986
parameters: 8x5x5x1+8 = 208

Activations:

Activation Gradients:

Weights:

Weight Gradients:

relu (24x24x8)
max activation: 2.13054, min: 0
max gradient: 0.01337, min: -0.00986

Activations:

Activation Gradients:

pool (12x12x8)
pooling size 2x2, stride 2
max activation: 2.13054, min: 0
max gradient: 0.01337, min: -0.00986

Activations:

Activation Gradients:
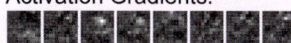

conv (12x12x16)
filter size 5x5x8, stride 1
max activation: 6.9162, min: -6.67823
max gradient: 0.01016, min: -0.01202
parameters: 16x5x5x8+16 = 3216

Activations:

Activation Gradients:

Weights:
(□□□□□□)(□□□□□□)(□□□□□□)(□□□□□□)(□
□□□□□)(□□□□□□)(□□□□□□)(□□□□□□)(□
□□□□□)(□□□□□□)(□□□□□□)(□□□□□□)(□
□□□□□)(□□□□□□)(□□□□□□)(□□□□□□)
Weight Gradients:
(□□□□□□)(□□□□□□)(□□□□□□)(□□□□□□)(□
□□□□□)(□□□□□□)(□□□□□□)(□□□□□□)(□
□□□□□)(□□□□□□)(□□□□□□)(□□□□□□)(□
□□□□□)(□□□□□□)(□□□□□□)(□□□□□□)

relu (12x12x16)
max activation: 6.9162, min: 0
max gradient: 0.01016, min: -0.01202

Activations:

Activation Gradients:

pool (4x4x16)
pooling size 3x3, stride 3
max activation: 6.9162, min: 0
max gradient: 0.01016, min: -0.01202

Activations:

Activation Gradients:

▲ 학습 과정

| 더 알아보기 | 자연어 처리 |

▲ GPT 자료 사진

사람의 언어와 컴퓨터의 언어는 정말 다른데요, 컴퓨터의 언어는 프로그래밍 언어라고도 불리며 정해진 규칙에 따라 작동하고, 사람의 언어는 맥락이나 상황에 따라 달라집니다. 이 둘 사이의 차이를 극복하려면 어떻게 해야 할까요?

인공신경망이라는 기술이 여기서 큰 역할을 해요. 컴퓨터가 사람의 언어를 이해할 수 있도록 이 기술을 이용해 컴퓨터를 학습시키는 거예요. 그렇게 해서 인간과 컴퓨터 사이에서 통역사처럼 작동하게 만들죠. 그 중 하나로 GPT, 즉 Generative Pre-trained Transformer라는 기술이 있어요.

GPT는 인공신경망 기반의 자연어 처리 모델로, 사람들이 작성한 수많은 텍스트 데이터를 학습해서 사람처럼 언어를 이해하고 생성할 수 있게 돼요. 여러분이 앞으로 배울 IoT 미션 이야기들도 GPT 기반의 인공지능이 생성한 텍스트입니다.

GPT를 사용하면 기계번역, 질문에 대한 답변 생성, 텍스트 요약, 감성 분석 등 다양한 자연어 처리 작업을 수행할 수 있죠. 이렇게 GPT 같은 인공신경망 기술 덕분에 컴퓨터가 사람의 언어를 더욱 정확하게 이해하고 처리할 수 있게 되는 것이죠.

이렇게 인공신경망은 사람의 언어와 컴퓨터의 언어 사이의 차이를 극복하는 데 큰 도움이 되는 기술이에요.

딥코봇으로 IoT 이해하기

01 딥코봇으로 IoT 이해하기

1. IoT(Internet of Things)

  IoT는 "사물인터넷"이라고도 불리며, "Internet of Things"의 약자입니다. 일상에서 우리가 사용하는 물건이나 장치들이 인터넷에 연결되어 서로 상호작용하고 정보를 교환할 수 있는 컴퓨터 네트워크 시스템을 의미합니다.

  예를 들어 가정에서 스마트 홈 시스템을 사용하면 온도, 조명, 보안 등 다양한 장치들을 인터넷과 연결하여 스마트폰이나 태블릿 등으로 집의 온도나 문을 잠그는 등의 제어가 가능해집니다.

  주변에서 여러분이 경험한 IoT가 적용된 사례를 찾아보고 친구들과 이야기 해 봅시다.

잭과 함께 떠나는 모험

  옛날 옛적에 열정적인 자동차 팬인 잭이 있었어요. 잭은 전설의 자동차 딥코봇을 완성하고 싶어 했어요. 딥코봇을 완성하기 위해서는 전 세계 여러 곳에 흩어져 있는 전설적인 자동차들의 부품을 모아야 했어요. 이 꿈을 이루는 게 아주 어려울 것이란 것을 알고 있었지만, 잭은 전설의 자동차들의 부품을 모으기 위해 여행을 떠나기로 했어요. 잭은 자신의 가방을 싸고 모험을 시작했답니다.

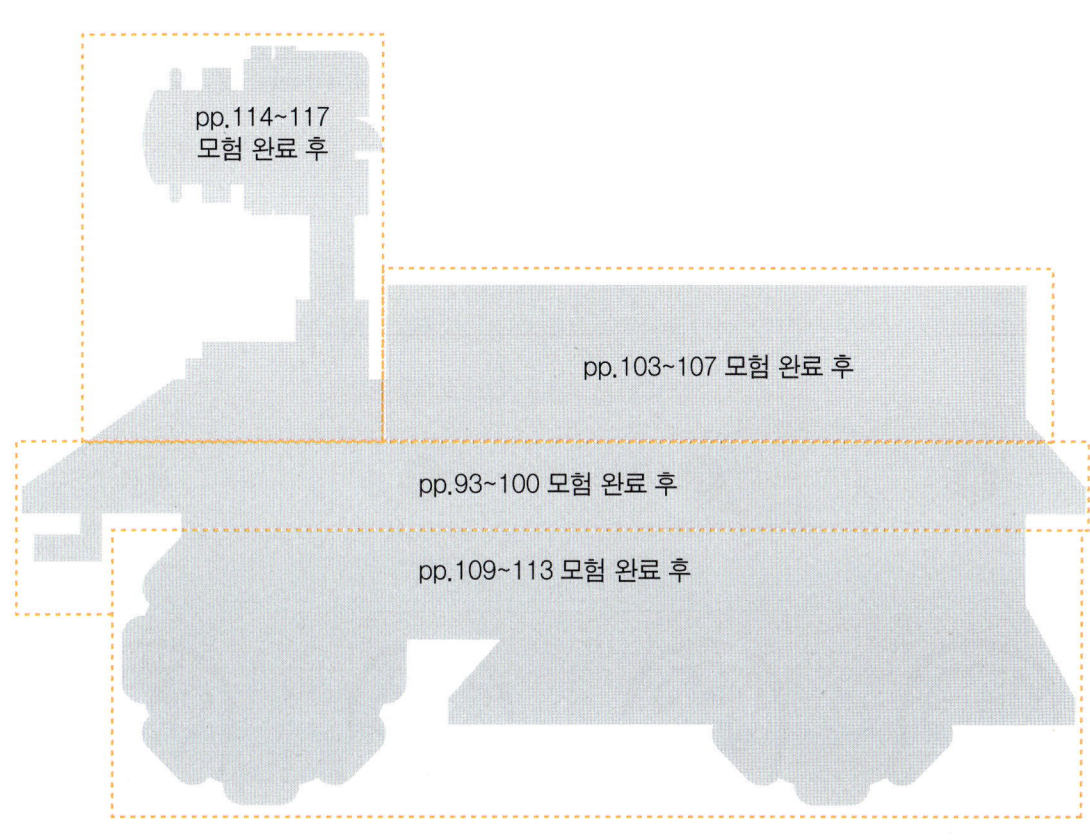

◎ 미션을 성공하면 전설적인 자동차 딥코봇의 부품들을 획득할 수 있습니다! 잭이 전설의 자동차 딥코봇을 완성할 수 있도록 도와주세요!

실습에 들어가기 전…

실습에 들어가기 전에 실습에서 활용되는 인공지능 코딩 도구인 "딥코 블록"에 대해 알아봅니다.

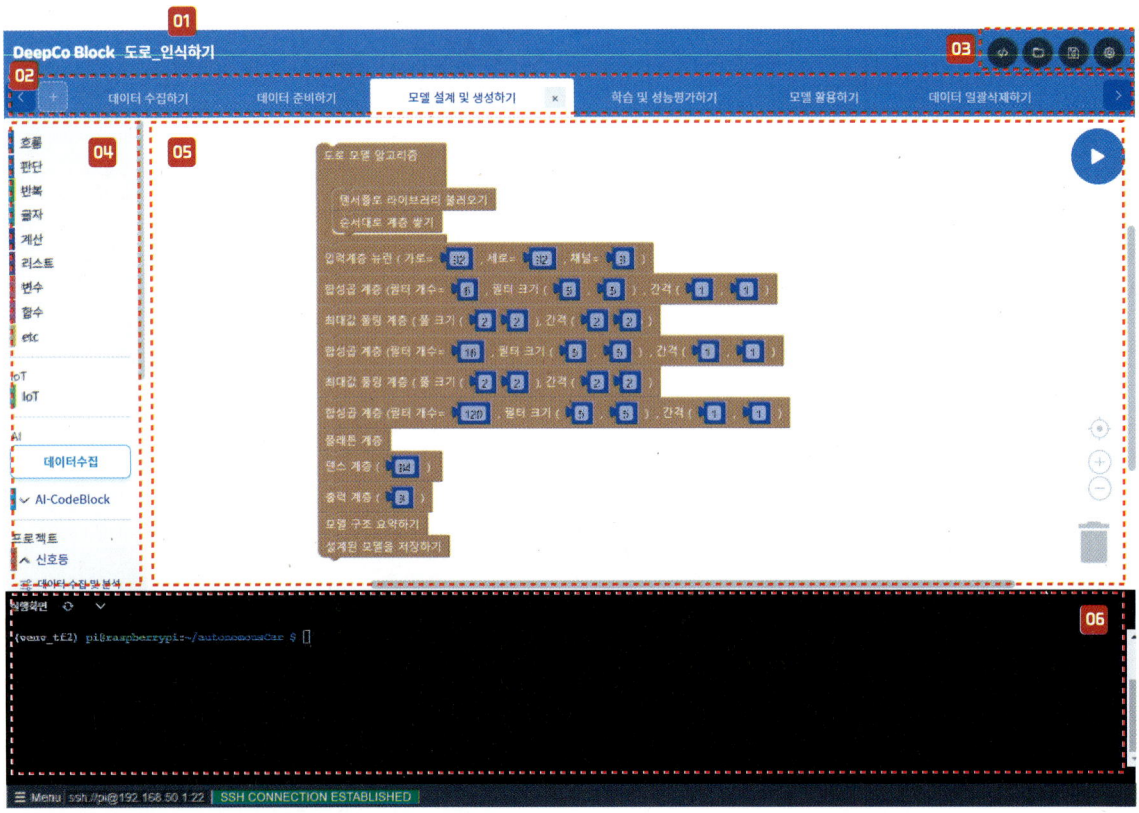

① 프로젝트명이 표시되는 영역입니다.
② 탭 영역으로 프로그램 단위별로 구분할 수 있습니다. "+" 버튼을 눌러 탭을 추가할 수 있고 "x" 버튼을 눌러 탭을 삭제할 수 있습니다. 탭 이름을 클릭하면 탭 이름을 변경할 수 있습니다.
③ 유틸리티 영역
 ● 코드보기 : 블록코드에 해당하는 파이썬 코드를 볼 수 있습니다.
 ● 데이터보기 : 딥코봇에 저장된 데이터를 확인할 수 있습니다.
 ● 저장하기 : 코딩을 할 때마다 "저장하기" 버튼을 클릭하여 코딩 내용을 저장합니다. 저장을 안 하면 코딩한 내용이 사라져요!

- **설정하기** : 블록 사이즈를 조절하거나 블록 영역을 고정 또는 고정 해제를 할 수 있어요. 블록 영역을 고정하면 블록을 코딩 영역에 가져와도 블록 영역이 닫히지 않습니다. 자신에게 편한 옵션을 설정하여 실습 환경을 세팅하세요.

④ 흐름, 판단, 반복 등 기본적인 블록과 IoT, 인공지능 블록을 가져올 수 있는 블록 영역입니다. 기본적인 실습 프로젝트에 사용되는 블록은 프로젝트 메뉴에 모두 들어있습니다. 신호등, 도로 등 교재의 실습에서 사용되는 블록은 프로젝트 메뉴에서 확인하세요.
⑤ 블록 영역에서 블록을 드래그앤드롭 방식으로 가져와 코딩을 할 수 있는 코딩 영역입니다. 코딩을 완료한 후 실행 버튼을 클릭하면 코딩 결과를 확인할 수 있습니다.
⑥ 코딩 결과를 확인할 수 있는 콘솔창입니다. 프로그램의 실행 상태부터 결과까지 확인할 수 있어요. 콘솔창은 평상시에는 숨겨져 있으니 "^"를 눌러 콘솔창이 보이도록 한 다음, 코딩 영역의 실행 버튼을 눌러주세요.

 2. 딥코 블록으로 코딩하기

블록 영역에서 코딩에 필요한 메뉴를 선택한 후, 원하는 블록을 드래그앤드롭하여 해당 블록을 코딩 영역으로 옮기면서 코딩을 할 수 있습니다.

딥코 블록을 이용한 모든 코딩은 이렇게 일반적인 블록코딩 방식으로 진행합니다. 딥코 블록과 함께 인공지능 코딩도 쉽게 할 수 있으니, 차근차근 따라 해보세요!

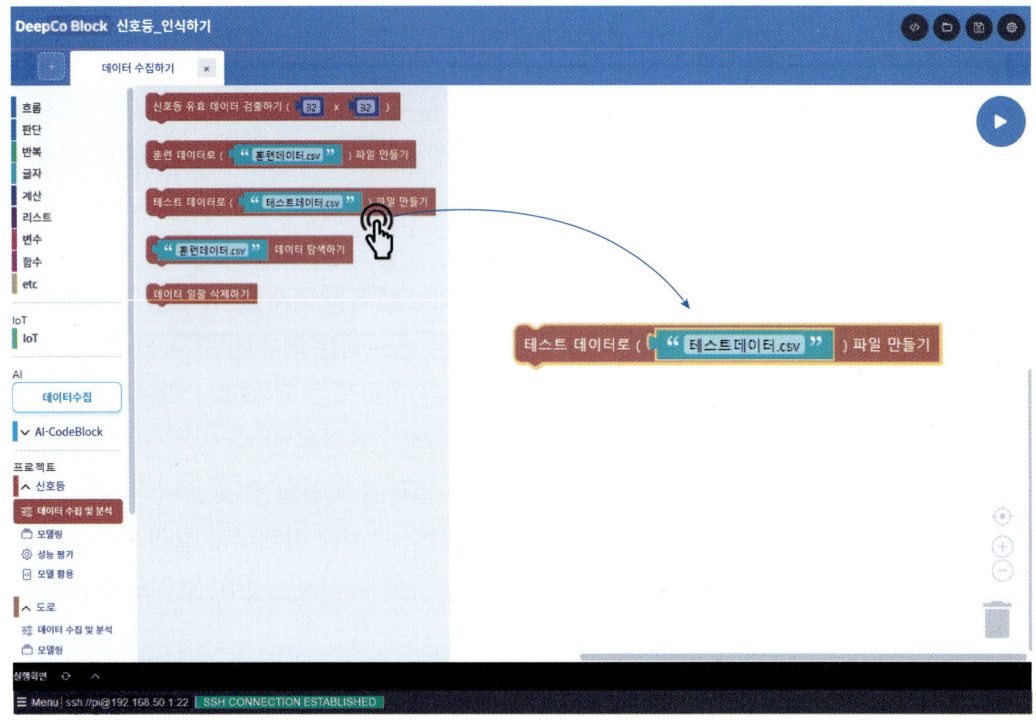

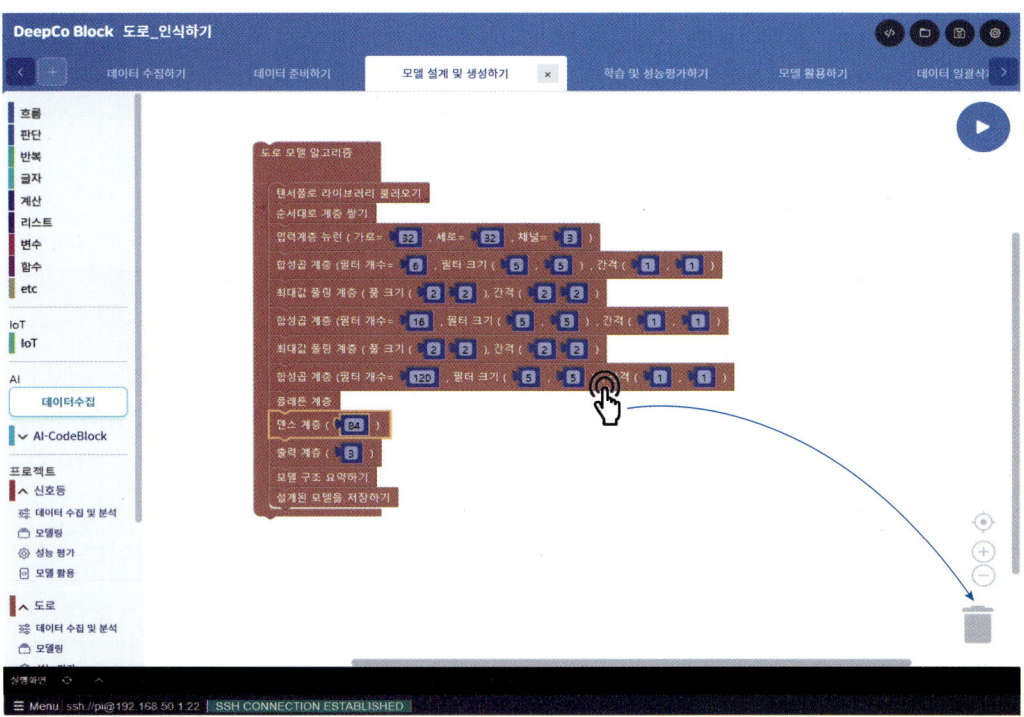

코딩을 잘못했을 경우, 필요 없는 블록은 선택하여 드래그앤드롭으로 휴지통으로 옮기면 삭제됩니다.

1. 첫 번째 모험 (LED 미션)

옛날 옛적에 마법의 차 스파클이 있었어요. 이 차는 다른 차들과는 다르게 가장 어두운 길도 밝힐 수 있는 특별한 힘이 있었어요.

어느 날, 그 땅의 왕은 왕국에서 최고의 차를 찾기 위해 성대한 대회를 열었어요. 전국 각지에서 자동차들이 몰려와 경쟁을 벌였지만 스파클만큼 눈부신 것은 없었어요.

스파클의 모든 것이 멋있었지만, 가장 인상 깊었던 것은 스파클의 LED 조명이었어요. 그 조명은 아주 밝았기 때문에, 아주 어두운 곳에서도 안전하게 운전할 수 있었어요.

다른 차들도 스파클의 조명을 따라 하려고 안간힘을 썼지만, 아무도 따라 할 수 없었어요. 대회의 우승자는 스파클이 되었고, 모든 차에는 이후부터 스파클과 같은 LED 조명이 설치되었어요. 이 덕분에 도로는 더 이상 어두워지지 않았고, 왕과 신하들은 언제 어디서든 안전하게 여행을 즐길 수 있게 되었어요.

1. 딥코봇과 노트북을 와이파이로 연결한 후 크롬 브라우저를 열어 URL입력창에 "bot.deepco.co.kr"을 입력하여, 딥코봇 사이트에 접속합니다.

    (자세한 연결 방법은 1장의 딥코봇 연결하기를 참고하세요.)

2. "실습하기"를 클릭하여 프로젝트 페이지로 이동합니다.

3. "새 프로젝트 만들기"를 클릭하여 내 프로젝트 내에 새로운 프로젝트를 만듭니다.

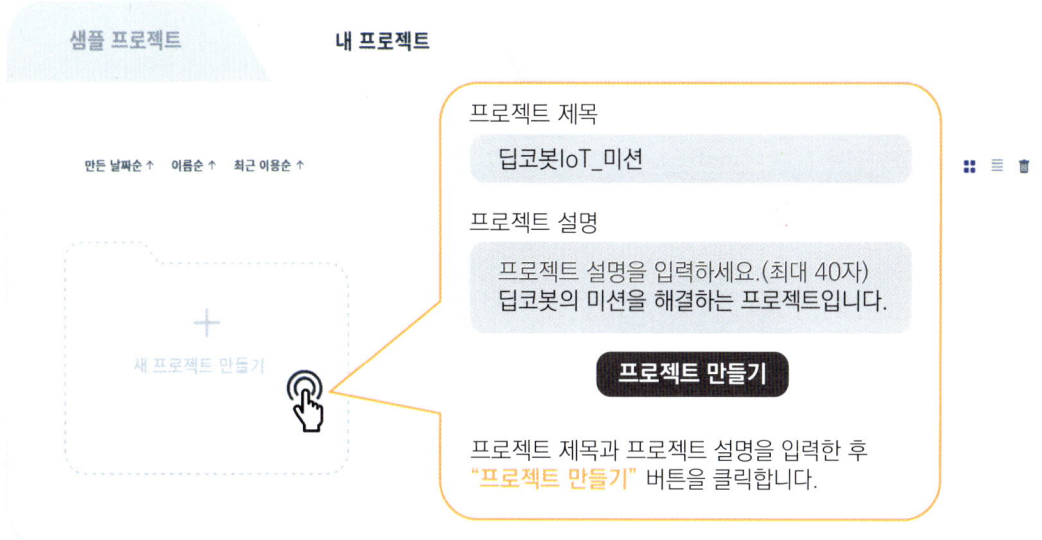

4. 만들어진 새 프로젝트를 클릭하여 딥코 블록을 실행합니다.

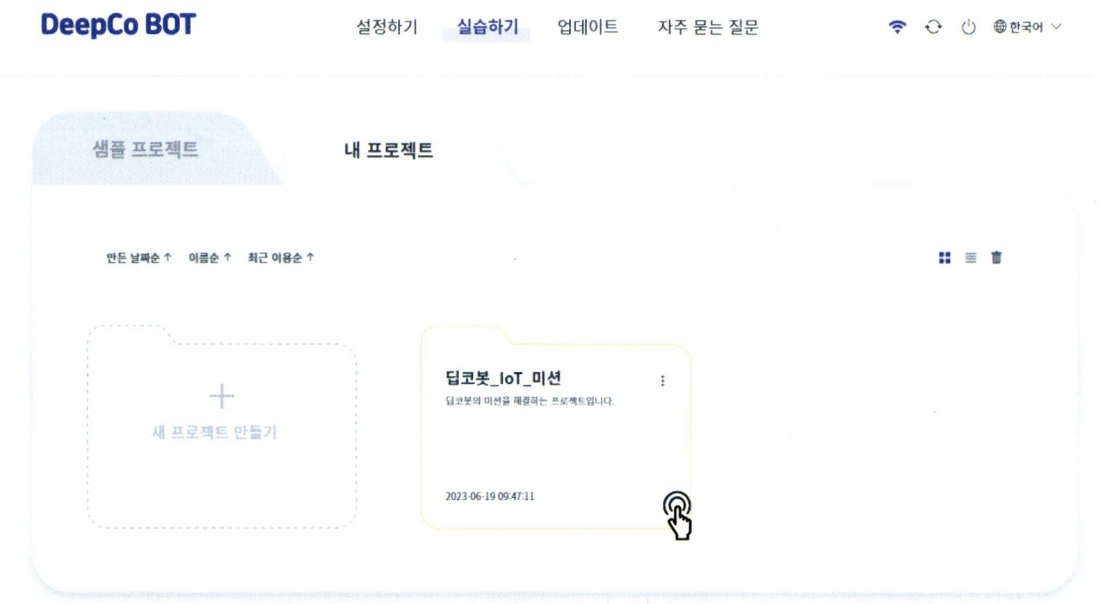

5. 딥코 블록의 탭 이름을 "LED 미션"으로 변경합니다.

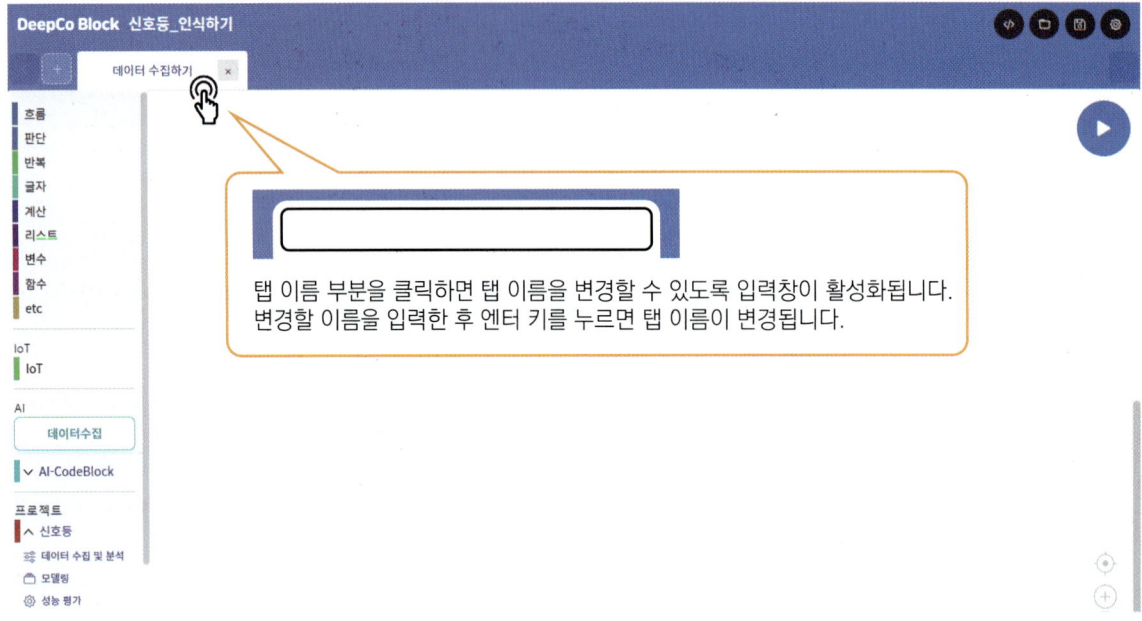

탭 이름 부분을 클릭하면 탭 이름을 변경할 수 있도록 입력창이 활성화됩니다. 변경할 이름을 입력한 후 엔터 키를 누르면 탭 이름이 변경됩니다.

6. 딥코블록의 블록 영역에서 "IoT > IoT"를 클릭하여, LED 관련 블록을 확인합니다.

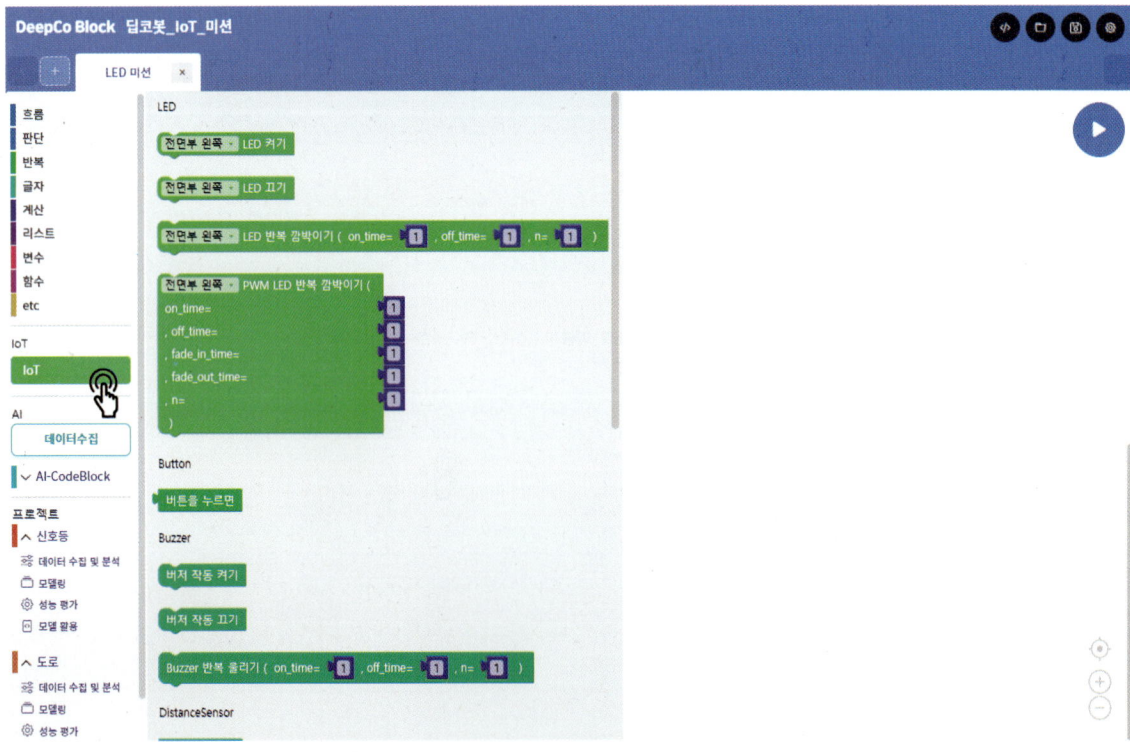

96 이미지 인식과 자율주행

7. "LED"에 있는 "LED 켜기" 블록을 이용하여 다음과 같이 코딩한 후, 실행합니다.

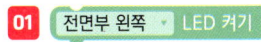

딥코봇의 LED를 켜는 블록입니다. "전면부 왼쪽"으로 되어 있는 LED 위치 값을 클릭하여 "전면부 오른쪽", "후면부 오른쪽" 등으로 위치 값을 변경하여 딥코봇의 모든 LED를 켤 수 있습니다.

8. 딥코봇의 LED를 통해 실행 결과를 확인합니다.

LED 위치 값을 "전면부 오른쪽", "후면부 왼쪽" 등으로 변경하여 딥코봇의 다른 LED도 켜 보세요.

9. 딥코봇의 LED가 켜지는 것을 확인했나요? 너무 빠르게 꺼져서 확인하기 어려웠다구요? 그럼 LED가 켜진 후 조금 후에 꺼지도록 다음과 같이 코딩한 후, 실행해 볼까요?

기다리기 블록은 블록 영역의 "흐름" 메뉴에 있습니다.

① 딥코봇의 LED를 켜는 블록입니다. "전면부 왼쪽"으로 되어 있는 LED 위치 값을 클릭하여 "전면부 오른쪽", "후면부 오른쪽" 등으로 위치 값을 변경하여 딥코봇의 모든 LED를 켤 수 있습니다.

② 실행된 결과를 기다리게 하는 블록입니다. 시간 값을 변경하여 기다리는 시간을 설정할 수 있습니다.

③ 딥코봇의 LED를 끄는 블록입니다. "전면부 왼쪽"으로 되어 있는 LED 위치 값을 클릭하여 "전면부 오른쪽", "후면부 오른쪽" 등으로 위치 값을 변경하여 딥코봇의 모든 LED를 끌 수 있습니다.

10. 딥코봇의 전면부 <u>LED가 3초 동안 켜졌다가 꺼지는지</u> 실행 결과를 확인합니다.

3초 후

LED 위치 값을 "후면부 오른쪽", "후면부 왼쪽"으로 변경하여 딥코봇의 후면부 LED도 켰다 꺼보세요.

98 이미지 인식과 자율주행

11. 우리는 비상 상황에서 깜빡이는 비상등을 켜 비상 상황을 알립니다. 딥코봇의 LED가 깜빡이도록 하여 비상등을 만들어 볼까요?

반복 블록은 블록 영역의 "반복" 메뉴에 있습니다.

① 실행을 반복하는 블록입니다. 숫자 값을 변경하여 반복 횟수를 정할 수 있습니다.

② 딥코봇의 LED를 켜는 블록입니다. "전면부 왼쪽"으로 되어 있는 LED 위치 값을 클릭하여 "전면부 오른쪽", "후면부 오른쪽" 등으로 위치값을 변경하여 딥코봇의 모든 LED를 켤 수 있습니다.

③ 실행된 결과를 기다리게 하는 블록입니다. 시간 값을 변경하여 기다리는 시간을 설정할 수 있습니다.

④ 딥코봇의 LED를 끄는 블록입니다. "전면부 왼쪽"으로 되어 있는 LED 위치 값을 클릭하여 "전면부 오른쪽", "후면부 오른쪽" 등으로 위치 값을 변경하여 딥코봇의 모든 LED를 끌 수 있습니다.

12. 딥코봇의 LED가 1초에 한 번씩 총 10번 깜빡이는지 실행 결과를 확인합니다.

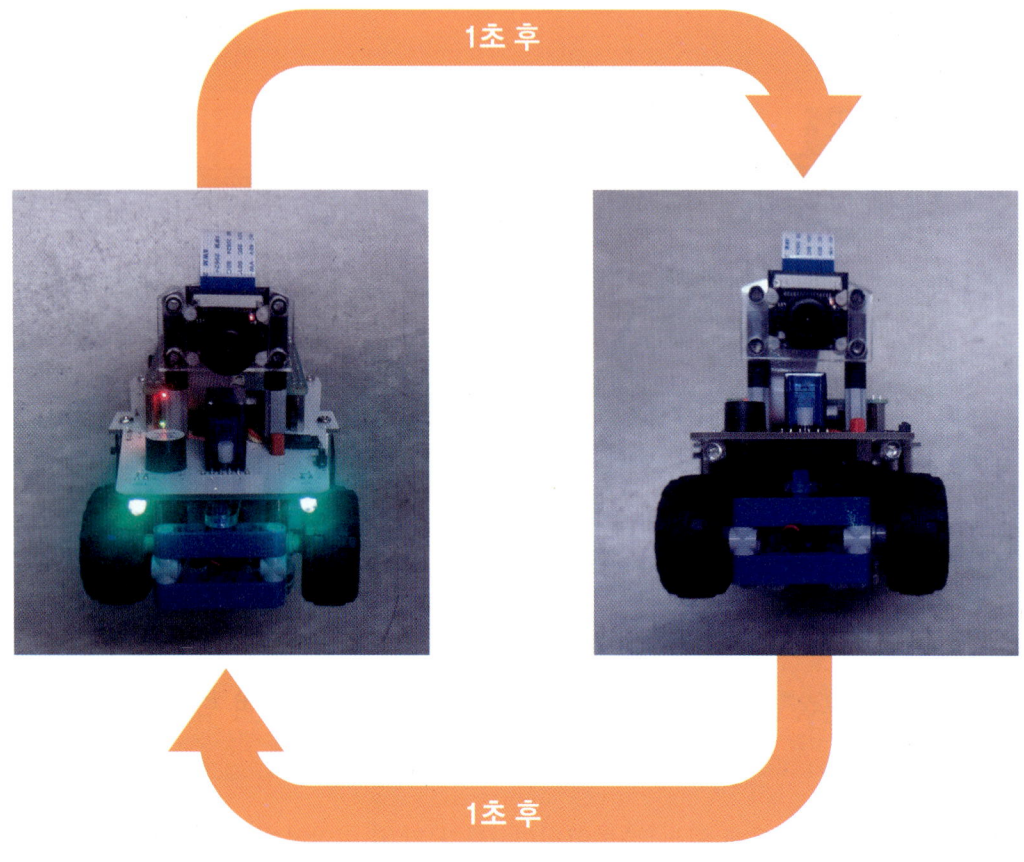

(융합 교육) 모스 부호란?

새뮤얼 핀리 브리즈 모스(Samuel Finley Breese Morse, 1791 ~ 1872)가 고안하여 1844년에 완성한 전신 기호로, 짧은 발신 전류와 긴 발신 전류만을 가지고 전신 부호를 문장으로 구성해 전신기를 통해 전송할 수 있게 하였다. 통신기술이 발달한 지금에도 가장 기초적인 비상 통신 수단으로서 사용하기도 한다.

```
A ·━          N ━·          1 ·━━━━
B ━···        O ━━━         2 ··━━━
C ━·━·        P ·━━·        3 ···━━
D ━··         Q ━━·━        4 ····━
E ·           R ·━·         5 ·····
F ··━·        S ···         6 ━····
G ━━·         T ━           7 ━━···
H ····        U ··━         8 ━━━··
I ··          V ···━        9 ━━━━·
J ·━━━        W ·━━         0 ━━━━━
K ━·━         X ━··━
L ·━··        Y ━·━━
M ━━          Z ━━··
```

응용

LED 블록과 기다리기 블록 등을 이용해서 딥코봇의 LED로 모스 부호를 표현해 보세요.
(모스 부호의 동그라미는 불빛 0.25초, 네모는 불빛 0.5초, 각 간격은 0.5초로 가정합니다.)

이름 : DEEPCO BOT

이니셜 : D C B

모스 부호 : D ━··   C ━·━·   B ━···

내 영문 이름과 이니셜을 적어보고 이니셜에 해당하는 모스 부호를 그려봅니다. 내 이름의 모스 부호도 딥코봇의 LED로 표현해 볼까요?

내 영문 이름 :

이니셜 :

모스 부호 :

친구들과 함께 딥코봇의 LED가 표현하고 있는 모스 부호로 친구의 이름 맞추기 게임을 해보세요!

(융합 교육) LED(Light Emitting Diode, 발광 다이오드)

1962년 10월 9일, 전류의 방향이 일정 전극 방향과 일치하면 불빛이 나는 다이오드를 닉 홀로니악(Nick Holonyak)이 발명하였다.

지금은 지속된 연구와 개량으로 인해 성능이 이전에 비해 많이 향상되었다. 형광등과 함께 조명의 주요 시장이 되어가고 있다. 즉 네온사인을 넘어선 도시 야경의 상징으로, 실제 사이버펑크 시대가 도래한다면 네온사인보다는 차라리 LED를 사용할 가능성이 높다.

LED는 저전력 및 장수명 등의 특징을 가진다. 정격 범위 내에서 사용하는 한 발광 소자 자체는 비교적 긴 수명이며, 열에 의한 열화가 수명 결정 요인이 된다. LED 조명은 수명과 전기 효율이 백열등보다 몇 배 이상 높으며 대부분의 형광등보다 훨씬 효율적이다.

LED는 크게 정보 표시용의 저휘도 LED와 조명용의 고휘도 LED로 나뉘어진다. 가격은 저휘도 LED일 경우 개당 100원 이하(도매가 기준), 고휘도 LED는 300원쯤 한다.

조명용 백색 고휘도 LED는 물론 상당히 비싸다.

낱개로 구매할 때보다 100개 단위로 대량 구매하면 엄청나게 싸다. 20mA 일반 LED의 경우 1,300원, 1W의 130루멘대 LED는 100개당 3,300원 정도 한다. 여담으로 공구상가 등에서 LED를 대량 구매하면 하나씩 개수를 세는 게 아니라 무게로 달아 파는 모습을 볼 수 있다.

2. 두 번째 모험 (DC모터 미션)

옛날 옛적, 어떤 어려운 길도 막힘 없이 달릴 수 있는 터보라는 이름의 자동차가 살고 있었어요. 터보는 세상 이곳 저곳을 여행하기 좋아하는 용감한 자동차였어요. 하지만 터보에게는 한 가지 고민이 있었어요. 앞으로만 움직이는 것이 아니라 뒤로도 움직이고 싶다는 것이었어요.

터보는 뒤로 움직일 수 있는 방법을 찾기 위한 연구를 시작했어요. 다른 차들은 터보의 노력을 비웃으며, 자동차는 앞으로만 나아가는 것이라고 말했어요.

수많은 연구 끝에 터보는 뒤로 움직이는 비밀을 발견하고 자신의 모터를 업그레이드했어요.

그날부터 터보는 그 어느 길도 용감하게 탐험할 수 있는, 이 땅에서 가장 다재다능하고 모험적인 자동차로 알려지게 되었어요.

제4장 딥코봇으로 IoT 이해하기 103

1. 앞서 만든 "딥코봇_IoT_미션" 프로젝트를 클릭하여 딥코 블록을 실행합니다.

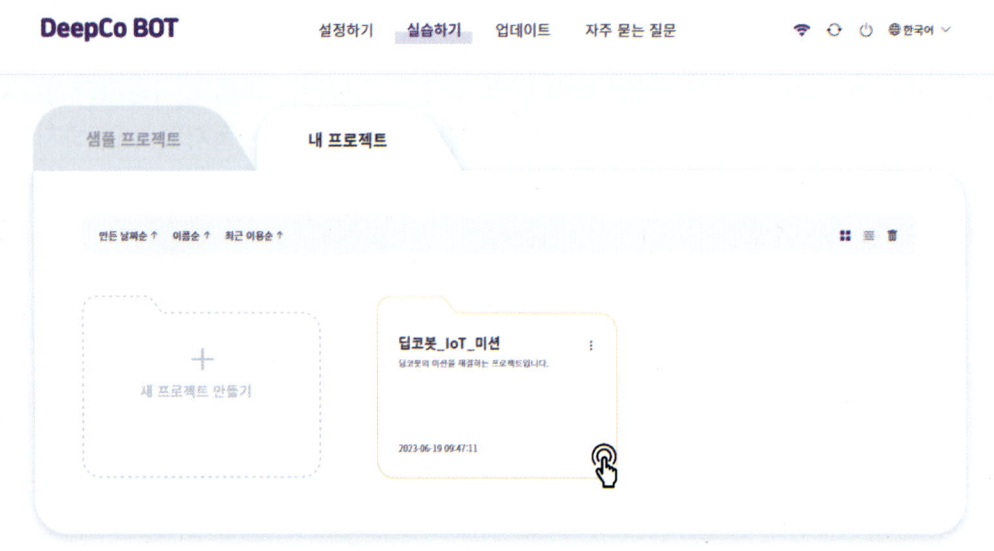

2. 탭 영역에서 "+"를 클릭하여 탭을 추가한 후, 탭 이름을 "DC모터 미션"으로 변경합니다.

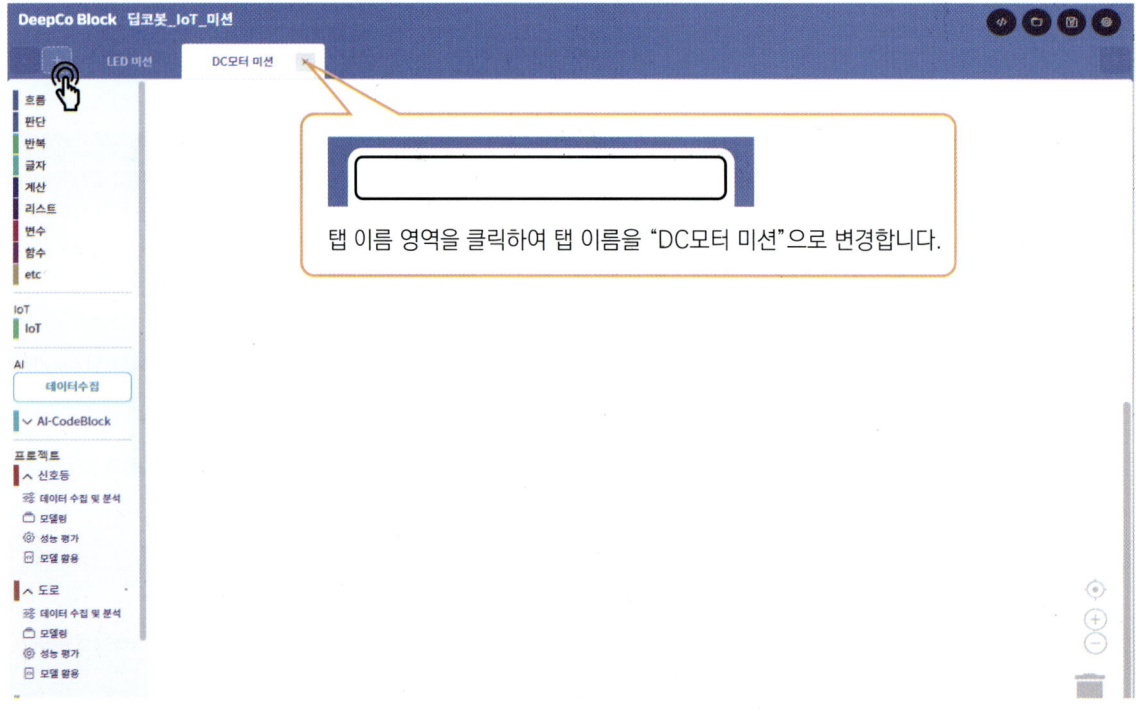

3. 딥코 블록의 블록 영역에서 "IoT > IoT"를 클릭하여, DC모터 관련 블록을 확인합니다.

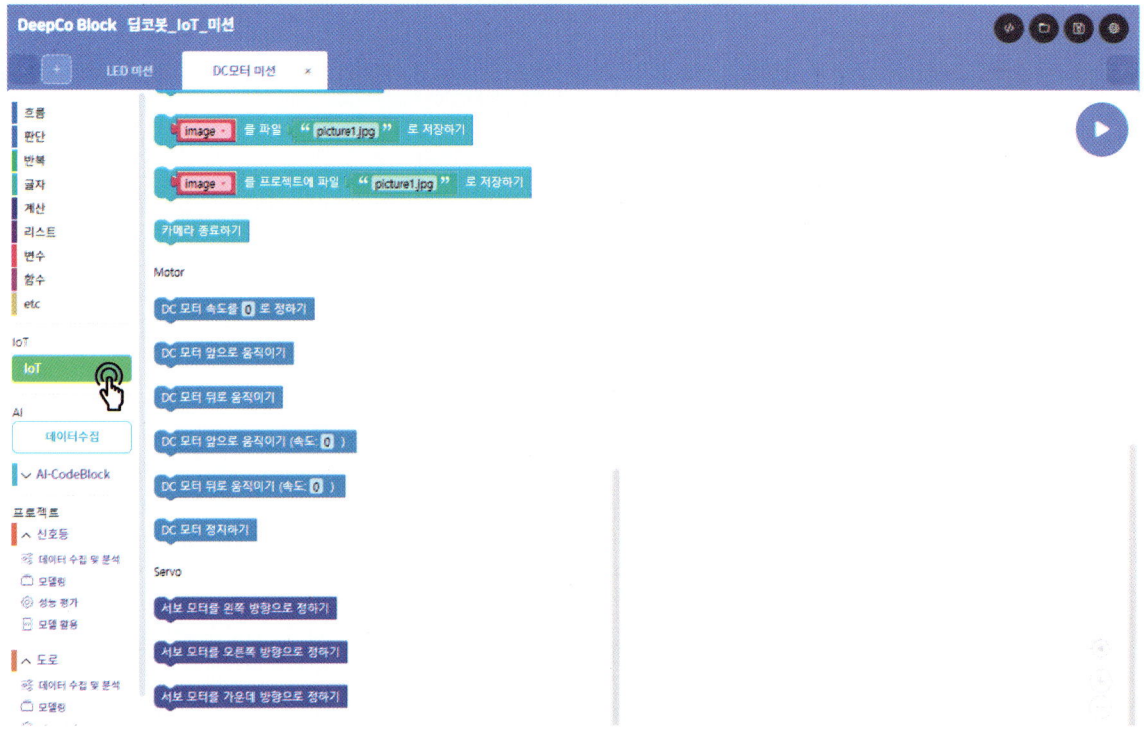

4. "Motor"에 있는 DC모터 관련 블록을 이용하여 다음과 같이 코딩한 후, 실행합니다.

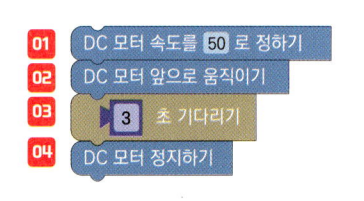

기다리기 블록은 블록 영역의 "흐름" 메뉴에 있습니다.

① 딥코봇의 속도를 설정하는 블록입니다. 속도 값을 "50"으로 설정합니다.

② 딥코봇을 앞으로 전진시키는 블록입니다.

③ 실행된 결과를 기다리게 하는 블록입니다. 시간 값을 "3"으로 설정합니다.

④ 딥코봇을 정지시키는 블록입니다.

5. 딥코봇이 3초 동안 앞으로 전진하다가 멈추는지 실행 결과를 확인합니다.

DC모터 속도 값과 기다리기 블록의 시간 값을 자유롭게 바꿔보며 실행해보세요.
(DC모터 속도 값은 최소 20 이상으로 설정해야 딥코봇이 움직일 수 있습니다.)

6. 이번에는 딥코봇을 뒤로 후진시켜봅시다. 다음과 같이 코딩한 후, 실행합니다.

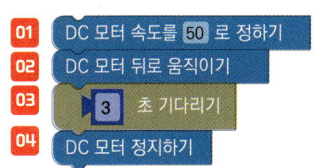

① 딥코봇의 속도를 설정하는 블록입니다. 속도 값을 "50"으로 설정합니다.

② 딥코봇을 뒤로 후진시키는 블록입니다.

③ 실행된 결과를 기다리게 하는 블록입니다. 시간 값을 "3"으로 설정합니다.

④ 딥코봇을 정지시키는 블록입니다.

7. 딥코봇이 3초 동안 뒤로 후진하다가 멈추는지 실행 결과를 확인합니다.

DC모터 속도 값과 기다리기 블록의
시간 값을 자유롭게 바꿔보며
실행해보세요.
(DC모터 속도 값은 최소 20 이상으로
설정해야 딥코봇이 움직일 수 있습니다.)

(융합 교육) DC모터

DC모터는 직류 전기를 이용하여 회전하는 모터입니다. DC모터는 간단한 구조로 되어 있으며, 전류가 흐르는 방향에 따라 회전 방향이 결정됩니다. 모터 안에는 전자기 코일이 감겨져 있는 곳과 자석이 있는 곳이 있어, 전기가 흐를 때, 자석이 돌아가서 모터도 같이 돌아가게 됩니다. 전류는 (+)극에서 (-)극으로 흐릅니다.

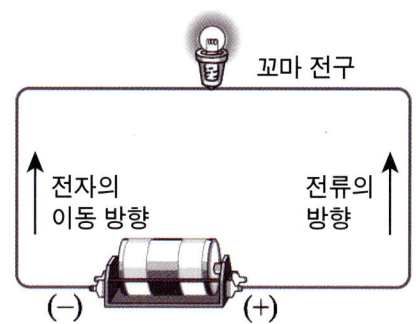

▲ 전류의 흐름(과학 6-2 2. 전기의 작용)

> **응용**

딥코봇이 목표 지점에 가장 가까이 가도록 DC모터 블록을 활용해 코딩해 봅시다.

맵의 출발 지점에서 도착 지점에 도착하도록 코딩해 보세요.

도착 지점을 벗어나면 미션 실패입니다.

1단계부터 3단계까지 도전해 보세요!

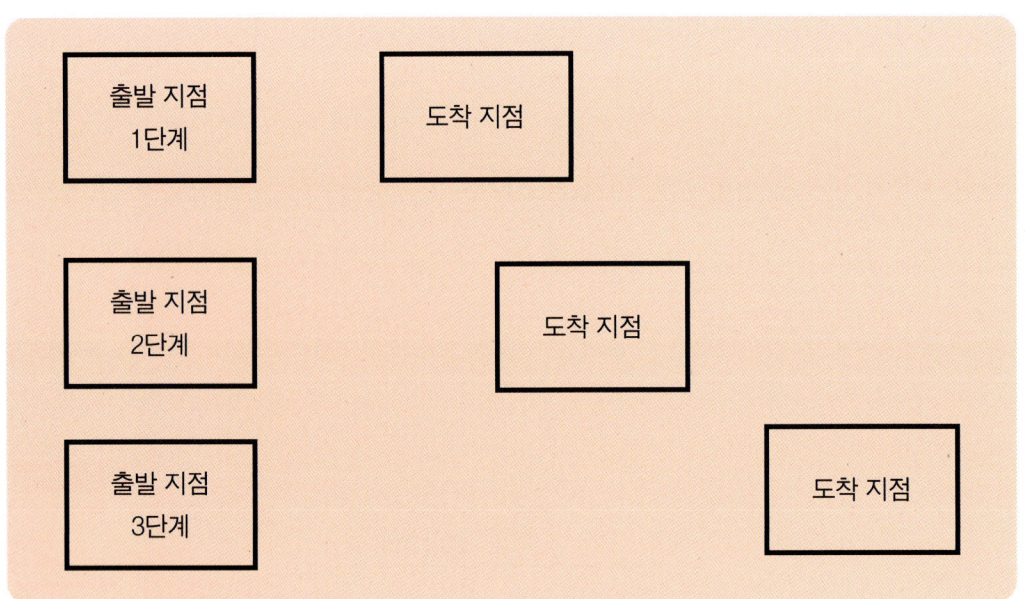

(맵 예시) 이 맵은 예시입니다. 미션을 위한 맵은 자유롭게 만들어보세요!

3. 세 번째 모험 (서보모터 미션)

옛날 옛적에, 호기심이 많아 항상 주변 세상을 탐험하고 싶어 하는 지그라는 이름의 자동차가 살았어요.

지그는 어느 날 꼬불꼬불한 길을 발견했어요. 꼬불꼬불한 길을 탐험하고 싶었지만, 지그는 직진밖에 하지 못했어요. 며칠 밤을 내내 고민하던 지그는 좌우로 방향을 바꿀 수 있는 방법을 찾기 위해 여행을 떠나기로 결심했어요.

그러다가 지그는 오래전에 좌우로 방향을 바꿀 수 있는 비밀을 가진 차를 우연히 만나게 되었어요. 그 차는 서보모터를 장착하면 방향을 바꿀 수 있다고 알려주었어요. 서보모터를 장착한 지그는 자유롭게 좌회전과 우회전을 할 수 있게 되어서, 더 많은 장소를 탐험할 수 있게 되었어요.

지그는 아무도 탐험하지 못했던 꼬불꼬불한 길을 탐험하여, 세상에서 가장 모험적이고 유연한 자동차로 알려지게 되었답니다.

1. 앞서 만든 "딥코봇_IoT_미션" 프로젝트를 클릭하여 딥코 블록을 실행합니다.

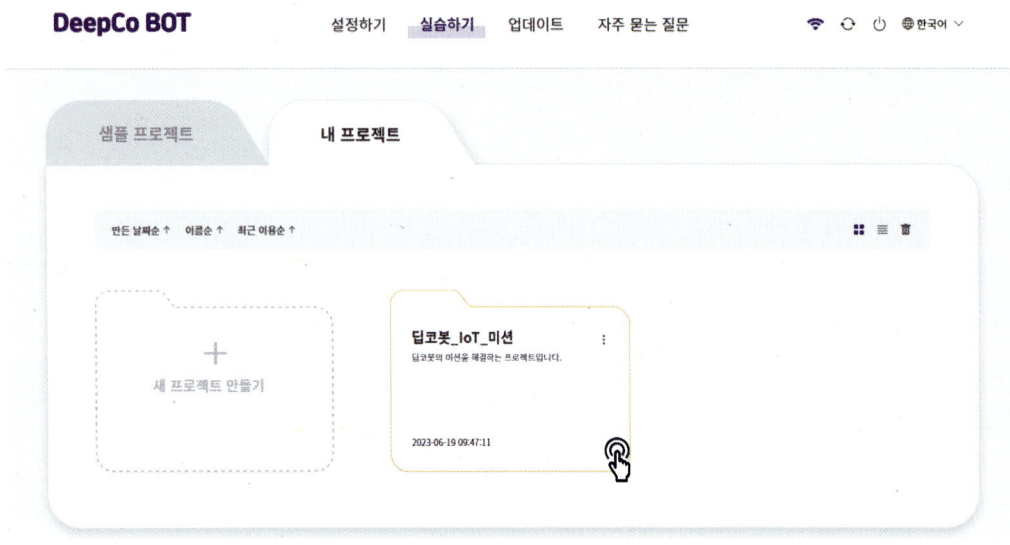

2. 탭 영역에서 "+"를 클릭하여 탭을 추가한 후, 탭 이름을 "서보모터 미션"으로 변경합니다.

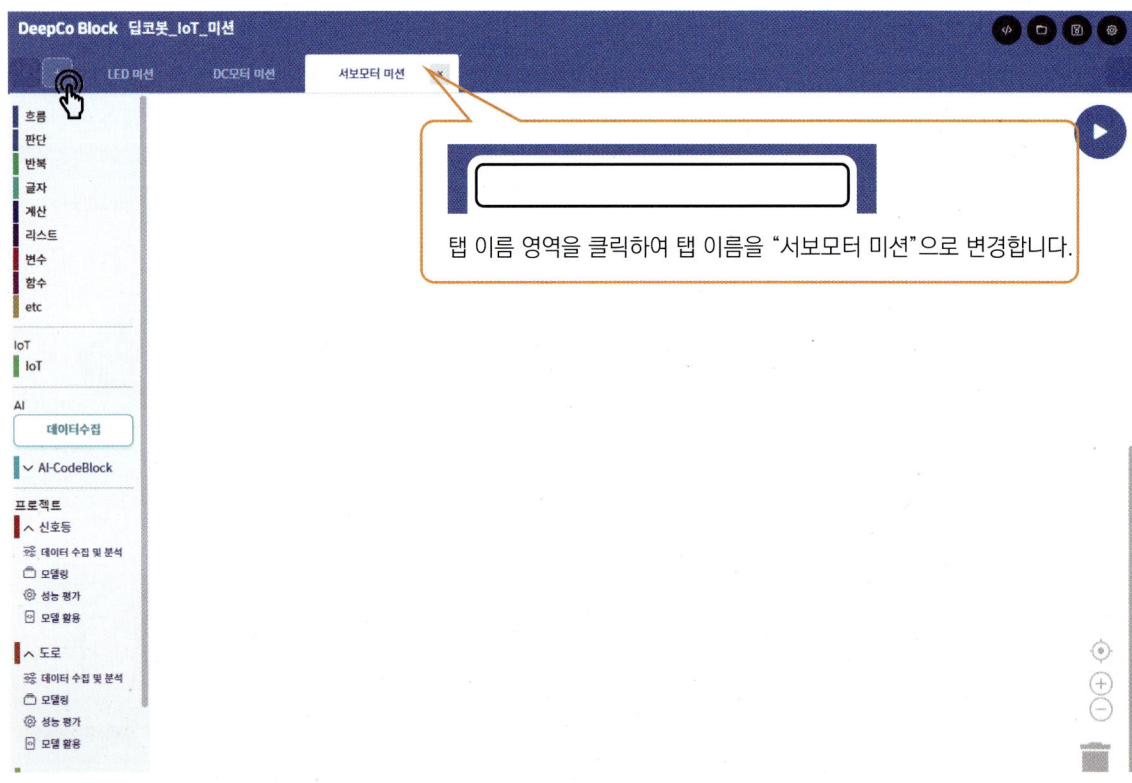

탭 이름 영역을 클릭하여 탭 이름을 "서보모터 미션"으로 변경합니다.

3. 딥코블록의 블록 영역에서 "IoT > IoT"를 클릭하여, 서보모터 관련 블록을 확인합니다.

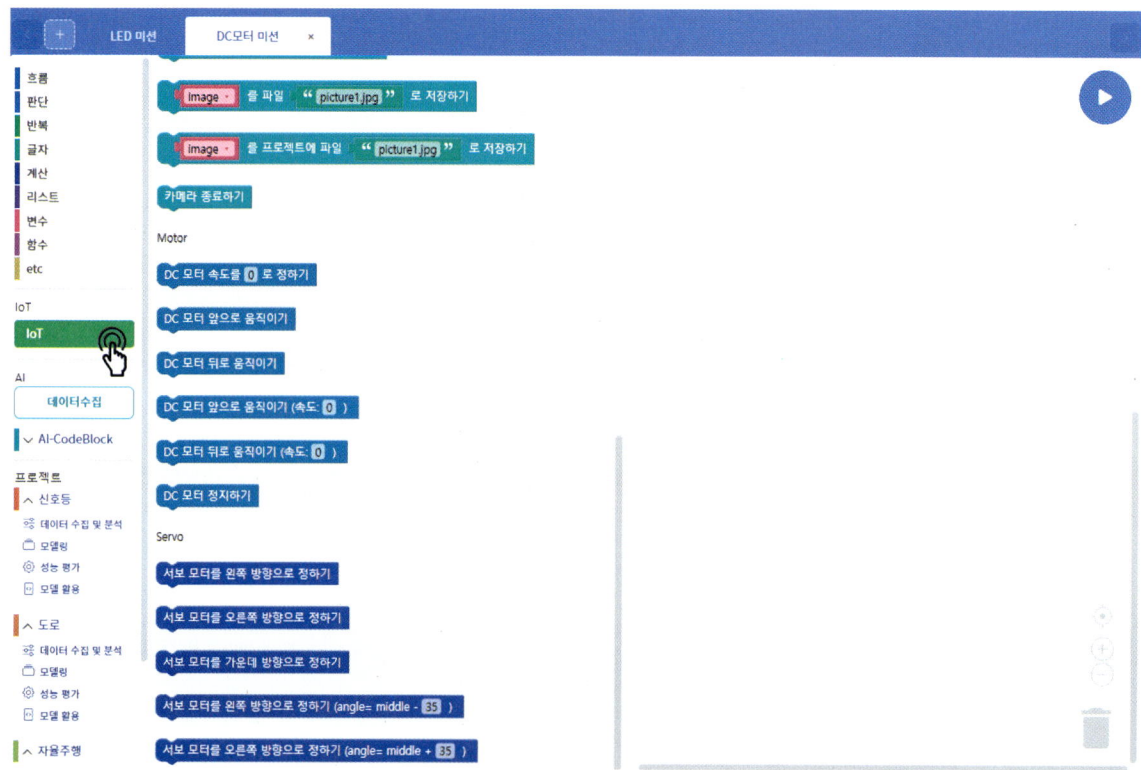

4. "Servo"에 있는 서보모터 관련 블록을 이용하여 다음과 같이 코딩한 후, 실행합니다.

기다리기 블록은 블록 영역의 "흐름" 메뉴에 있습니다.

① 딥코봇의 속도를 설정하는 블록입니다. 속도 값을 "50"으로 설정합니다.

② 딥코봇을 왼쪽으로 좌회전시키는 블록입니다.

③ 딥코봇을 앞으로 전진시키는 블록입니다.

④ 실행된 결과를 기다리게 하는 블록입니다. 시간 값을 "3"으로 설정합니다.

⑤ 딥코봇을 정지시키는 블록입니다.

제4장 딥코봇으로 IoT 이해하기 111

5. 딥코봇이 3초 동안 왼쪽으로 좌회전하다가 멈추는지 실행 결과를 확인합니다.

DC모터 속도 값과 기다리기 블록의
시간 값을 자유롭게 바꿔보며
실행해 보세요.
(DC모터 속도 값은 최소 20 이상으로
설정해야 딥코봇이 움직일 수 있습니다.)

6. 이번에는 딥코봇을 오른쪽으로 우회전시켜 봅시다. 다음과 같이 코딩한 후, 실행합니다.

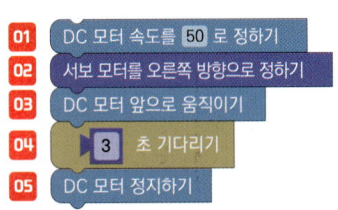

① 딥코봇의 속도를 설정하는 블록입니다. 속도 값을 "50"으로 설정합니다.

② 딥코봇을 오른쪽으로 우회전시키는 블록입니다.

③ 딥코봇을 앞으로 전진시키는 블록입니다.

④ 실행된 결과를 기다리게 하는 블록입니다. 시간 값을 "3"으로 설정합니다.

⑤ 딥코봇을 정지시키는 블록입니다.

7. 딥코봇이 3초 동안 오른쪽으로 우회전하다가 멈추는지 실행 결과를 확인합니다.

DC모터 속도 값과 기다리기 블록의 시간 값을 자유롭게 바꿔보며 실행해 보세요.
(DC모터 속도 값은 최소 20 이상으로 설정해야 딥코봇이 움직일 수 있습니다.)

응용

딥코봇이 주차지점에 올바르게 주차할 수 있도록 서보모터 블록을 활용해 코딩해봅시다.

맵의 출발 지점에서 주차 지점에 도착하도록 코딩해 보세요.

주차 지점을 벗어나면 미션 실패입니다.

좌회전과 우회전을 잘 활용하여 주차에 성공하세요!

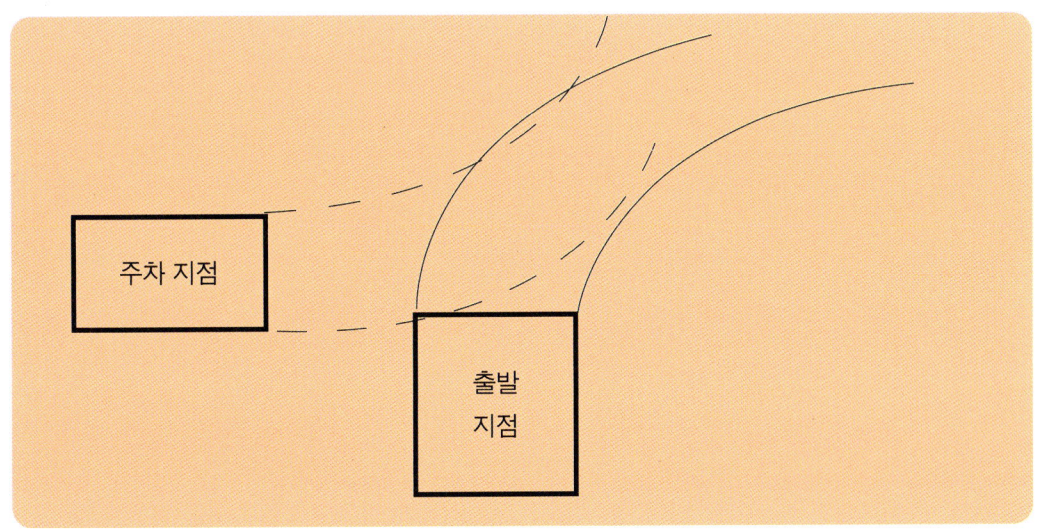

(맵 예시) 이 맵은 예시입니다. 미션을 위한 맵은 자유롭게 만들어보세요!

4. 네 번째 모험 (레이저 센서 미션)

옛날 옛적, 누구보다 빠르게 달릴 수 있는 퀵이라는 이름의 자동차가 살고 있었습니다. 퀵은 빠르고 강력한 차였고, 빠르게 거리를 질주하는 것을 좋아했어요. 하지만 한 가지 고민이 있었어요. 퀵은 시력이 좋지 않아 보행자나 다른 장애물을 볼 수 없다는 것이었어요.

어느 날, 퀵이 도로를 질주하고 있을 때 길을 건너는 한 무리의 사람들과 마주쳤어요. 다행히 아슬아슬하게 멈추었지만, 그날부터 퀵의 고민은 더욱 커졌어요.

퀵은 자신의 시력을 향상시키기 위한 방법을 찾아 나섰어요. 여러 도시를 탐험하던 도중 퀵은 자신의 시력을 보조해 줄 멋진 장치를 찾았어요. 바로 레이저 센서였어요. 이 센서는 앞에 장애물이 있을 때, 감지하고 멈출 수 있도록 도와주었어요.

기대에 부푼 퀵은 곧바로 센서를 설치했어요. 장애물을 탐지할 수 있게 된 퀵은 안심하고 도시를 질주할 수 있었고, 보행자와 다른 도로 사용자들의 안전을 보장할 수 있었어요.

그날부터 퀵은 안전하고 책임감 있게 운전할 수 있었고,
전 세계에서 가장 사려 깊고 조심스러운 차로 알려지게 되었습니다.

※ 레이저센서는 별도 구매 상품으로 레이저센서 미션을 위해서는 레이저 센서 구매가 필요합니다.
　구매처에 문의하세요.

1. 앞서 만든 "딥코봇_IoT_미션" 프로젝트를 클릭하여 딥코 블록을 실행합니다.

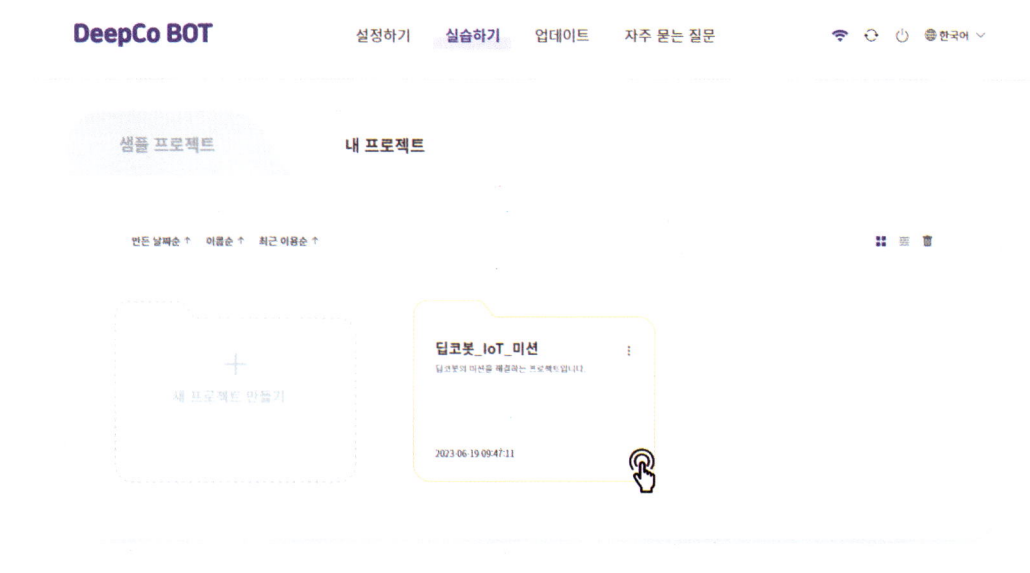

2. 탭 영역에서 "+"를 클릭하여 탭을 추가한 후, 탭 이름을 "레이저 센서 미션"으로 변경합니다.

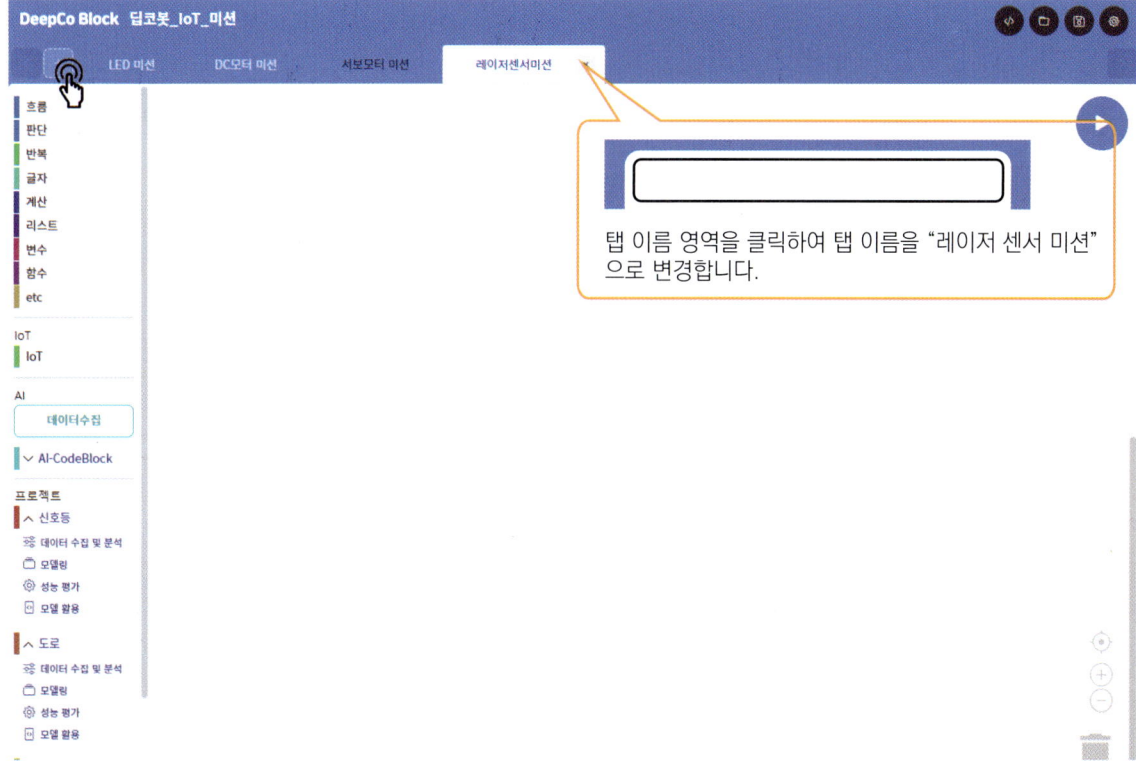

탭 이름 영역을 클릭하여 탭 이름을 "레이저 센서 미션"으로 변경합니다.

3. 딥코블록의 블록 영역에서 "IoT > IoT"를 클릭하여, 레이저 센서 관련 블록을 확인합니다.

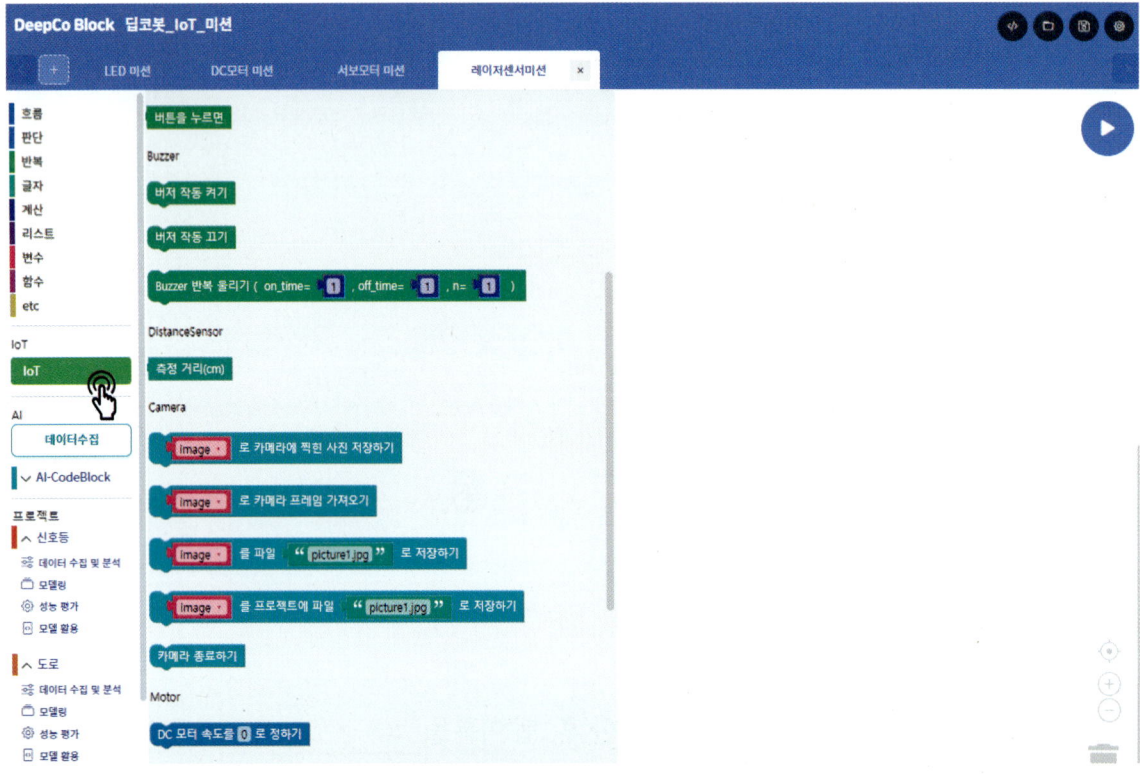

4. 딥코봇이 장애물에 부딪히지 않도록 "DistanceSensor"에 있는 레이저 센서 관련 블록을 이용하여 다음과 같이 코딩한 후, 실행합니다.

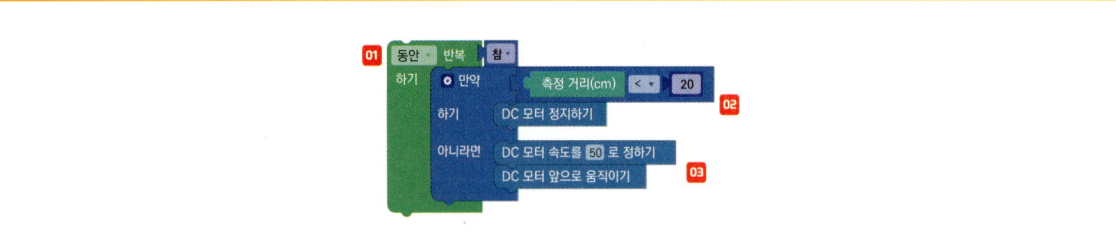

① 프로그램 실행을 중지할 때까지 딥코봇이 계속해서 도로 인식하며 움직일 수 있도록 반복하는 블록입니다.

② 레이저 센서를 통해 측정된 거리 값을 가져오는 블록을 활용하여 측정된 거리 값이 20cm보다 작으면, 딥코봇을 정지시키도록 합니다.

③ 레이저 센서를 통해 측정된 거리 값이 20cm보다 크면, 딥코봇을 속도 50으로 앞으로 전진시킵니다.

5. 딥코봇이 장애물과의 거리가 20cm보다 작을 때, 부딪히지 않고 잘 멈추는지 실행 결과를 확인합니다.

측정된 거리 값을 자유롭게 바꿔보며 실행해 보세요.

(융합 교육) 레이저 센서

레이저 센서는 빛을 이용하여 거리, 위치, 방향, 이동 등의 정보를 측정하는 센서입니다.

레이저 센서의 작동 원리는 크게 두 가지로 나눌 수 있습니다.

첫 번째는 시간 측정 방식입니다. 레이저 센서에서는 광선을 쏘아 물체의 표면에 닿은 광선이 반사되어 돌아오는 시간을 측정합니다. 이를 통해 물체와 센서 사이의 거리를 계산할 수 있습니다. 이 방식은 일반적으로 거리 측정에 사용됩니다.

두 번째는 산란 측정 방식입니다. 레이저 센서에서는 빛의 파장 변화를 이용하여 거리나 위치를 측정할 수 있습니다. 이 방식은 일반적으로 물체의 위치나 방향 측정에 사용됩니다. 이 경우 빛이 물체에 닿았을 때 산란되는 빛의 패턴을 측정하여 위치나 방향 등의 정보를 알아내는 데 사용됩니다.

레이저 센서는 고정밀 측정이 필요한 산업용 로봇, 자율 주행차, 측량 장비 등 다양한 분야에서 사용됩니다.

(융합 교육) 레이저 센서를 활용한 수 감각

장애물을 주어진 거리만큼 딥코봇 앞에 놓고 레이저 센서를 이용해 거리를 측정하여 올바른 거리에 장애물을 놓았는지 확인합니다. 반복하며 수 감각을 익혀봅니다.

딥코봇과 손바닥의 거리가 10cm가 되도록 손바닥을 위치해 봅시다.
측정 후 딥코봇과 손바닥의 거리가 몇 cm인지 아래 표에 적어보세요.

1차 시도	2차 시도	3차 시도	4차 시도

딥코봇과 손바닥의 거리가 20cm가 되도록 손바닥을 위치해 봅시다.
측정 후 딥코봇과 손바닥의 거리가 몇 cm인지 아래 표에 적어보세요.

1차 시도	2차 시도	3차 시도	4차 시도

딥코봇의 레이저 센서를 이용한 거리 측정은 "1. 인공지능 딥코봇을 소개합니다"의 딥코봇 설정하기에서 거리 센서 확인을 참고하세요.

거리 센서 확인

*거리 센서 별도 구매

① 거리 센서를 별도 구매하셨다면, 센서 장착 버튼을 누르세요.
정상작동 중일 시 장애물과의 거리를 확인할 수 있습니다.

[센서 장착]

0cm

[확인하기]

PART 05

자율주행 자동차 만들기
(신호등 인식하기)

01 신호등 인식을 위한, 딥러닝을 해볼까?

 ## 1. 문제 정의하기

문제 상황

자동차 운전에서 가장 중요한 것은 바로 운전자가 교통법규를 지키는 것이에요. 운전자 및 보행자의 생명을 보호하기 위해서입니다. 자율주행 자동차도 마찬가지예요. 자율주행 자동차는 신호등의 상태를 정확하게 인식해야 합니다. 이는 차량이 안전하게 교통법규를 준수할 수 있도록 하기 위한 기본 요소입니다. 만약 차량이 신호등을 인식하지 못한다면, 빨간불에서 멈추지 않을 수 있고, 그러면 사고가 날 수 있어요. 따라서 차량이 신호등을 제대로 인식해야 안전하게 집에 도착할 수 있어요.

목표 정하기

1. 딥코봇 주행 중에 신호등의 색을 카메라로 인식하여 빨간불과 파란불로 분류할 수 있는 인공지능 모델을 만든다.
2. 인공지능 모델이 빨간불로 판단하면 멈추고 파란불로 판단하면 주행하도록 코딩한다.

Q1 인공지능 학습을 위해 어떤 데이터들이 필요할까요?

Q2 어떤 종류의 인공지능모델을 학습시켜야 할까요? ( )

1) 회귀모델   2) 분류모델

 2. 데이터 수집하기

데이터 수집은 빨간불과 파란불을 구분하는 데 필요한 충분한 양의 이미지 데이터를 확보하는 것을 말하며, 이 과정은 다양한 조명, 각도, 배경 등에서 촬영된 이미지를 포함해야 해요. 이렇게 다양한 상황에서의 데이터를 확보하는 것은 모델이 일반적인 환경에서도 잘 작동하도록 도와준답니다.

데이터를 수집한 후에는, 이 데이터가 무엇을 의미하는지 컴퓨터에게 정답을 알려줘야 해요. 이것이 바로 '라벨링'입니다. 각각의 신호등 이미지에 라벨을 붙일 수도 있지만 빨간불 신호등 이미지를 모아서 '빨간불'이라는 폴더(박스)에 넣고, 파란불 신호등 이미지를 모아서 '파란불'이라는 폴더(박스)에 넣는 것도 라벨링 방법 중에 하나입니다. 이렇게 해서 우리는 컴퓨터에게 이 이미지는 '빨간불'이고, 저 이미지는 '파란불'이라고 알려줄 수 있습니다. 다시 말해, '파란불' 폴더에 있는 이미지는 파란불이라는 라벨이 부여되고, '빨간불' 폴더에 있는 이미지는 '빨간불'이라는 라벨이 부여되는 것이죠.

따라서 데이터 수집과 라벨링은 빨간불과 파란불을 구분하는 데 중요한 역할을 해요. 이 단계를 통해 모델은 빨간불과 파란불이 어떤 것인지 배우고, 이를 바탕으로 신호등의 상태를 올바르게 판단할 수 있게 돼요. 이와 같은 과정은 모델의 정확도를 높이는 데 도움을 준답니다.

수집하고자 하는 데이터의 정답(레이블)을 각 클래스에 붙여봅시다.

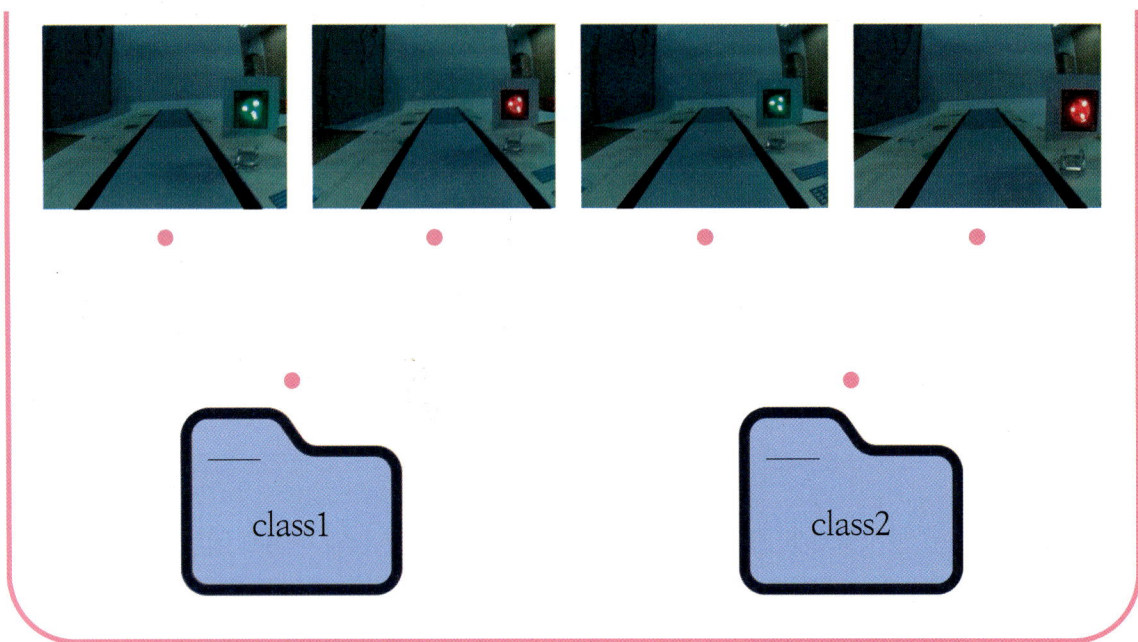

실습하기

1. 딥코봇과 노트북을 와이파이로 연결한 후 크롬 브라우저를 열어 URL 입력창에 "bot.deepco.co.kr"을 입력하여, 딥코봇 사이트에 접속합니다.

    (자세한 연결 방법은 1장의 딥코봇 연결하기를 참고하세요.)

2. "실습하기"를 클릭하여 프로젝트 페이지로 이동합니다.

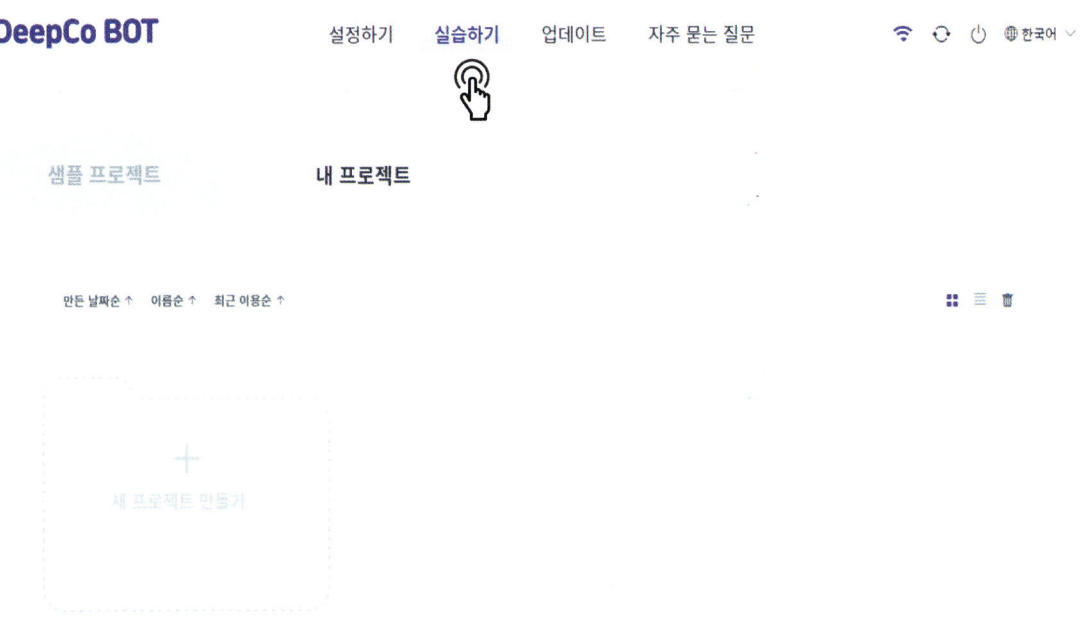

3. "새 프로젝트 만들기"를 클릭하여 내 프로젝트 내에 새로운 프로젝트를 만듭니다.

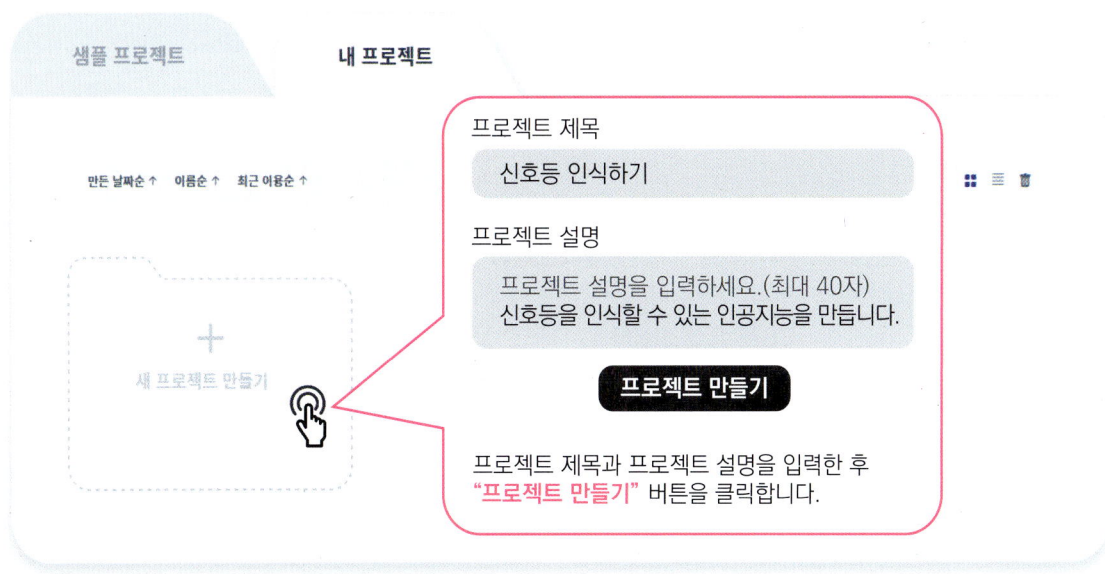

4. 만들어진 새 프로젝트를 클릭하여 <u>딥코 블록을 실행</u>합니다.

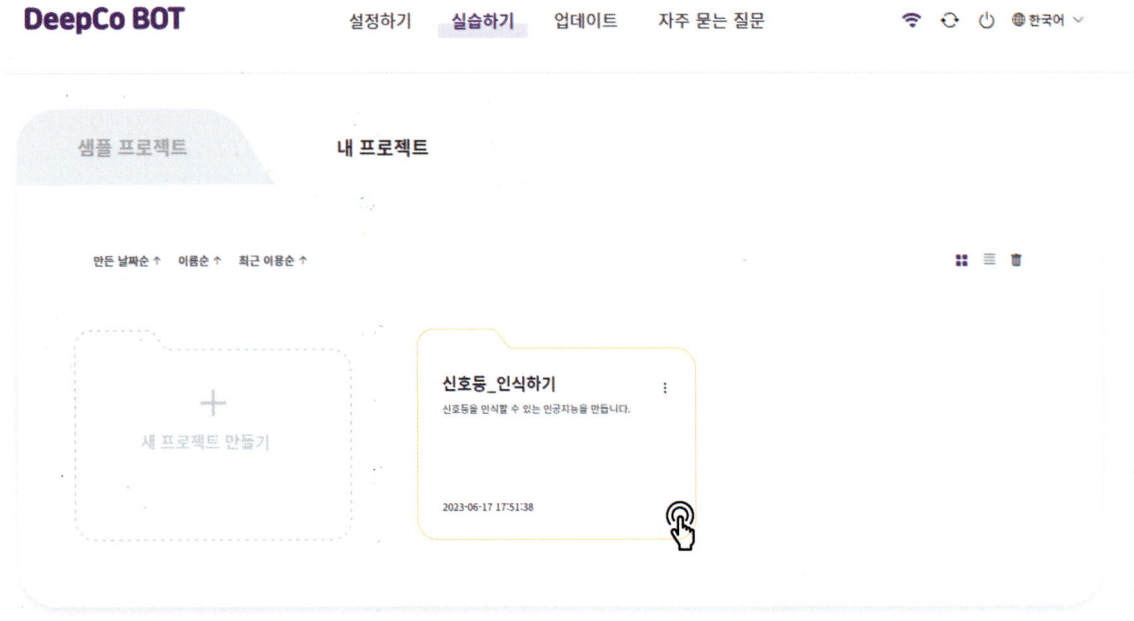

5. 딥코 블록에서 "<u>데이터수집</u>"을 클릭하여 데이터 수집창을 실행하고 "<u>클래스를 추가해 주세요</u>"를 클릭하여 클래스를 생성합니다.

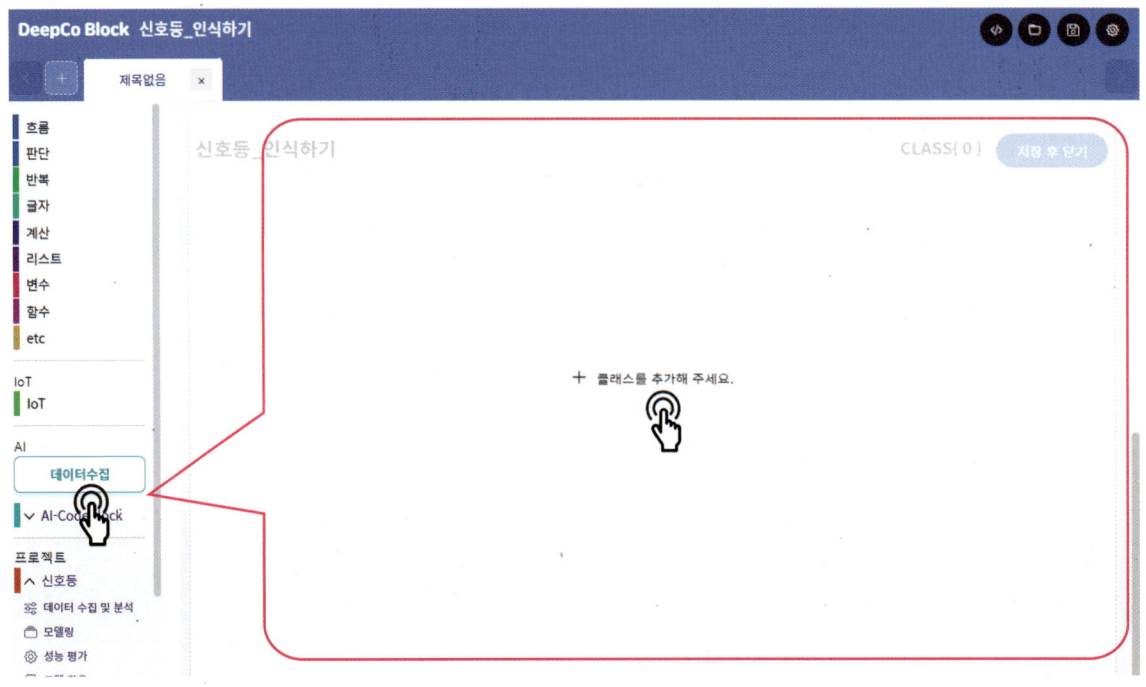

6. 생성된 클래스의 이름을 "신호등빨강"으로 변경하고 "클래스를 추가해 주세요"를 클릭하여 클래스 하나를 더 추가합니다. 추가한 클래스의 이름은 "신호등초록"으로 변경합니다.

설명 클래스의 이름을 변경하는 것이 데이터의 정답(레이블)을 붙여주는 레이블링 작업이에요.

7. 레이블이 만들어졌으면, 각 레이블에 해당하는 데이터를 수집합니다.

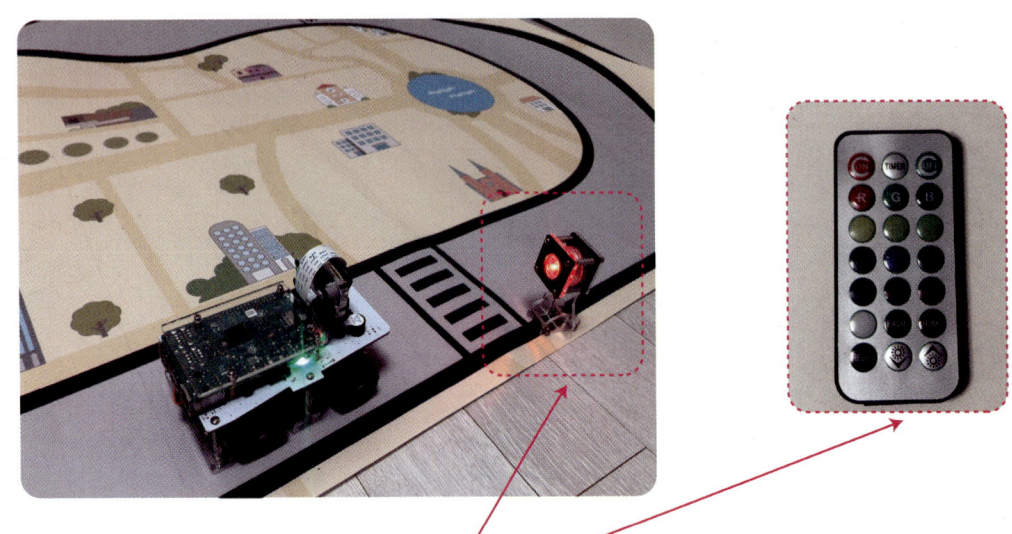

데이터 수집 전, 신호등과 리모콘을 준비합니다.
신호등과 리모콘은 별도 구매 상품입니다. 구매처에 문의하세요.

신호등과 리모콘이 준비되었으면, 데이터 수집창에서 " 📷 " 아이콘을 클릭하여 딥코봇의 카메라를 실행합니다.

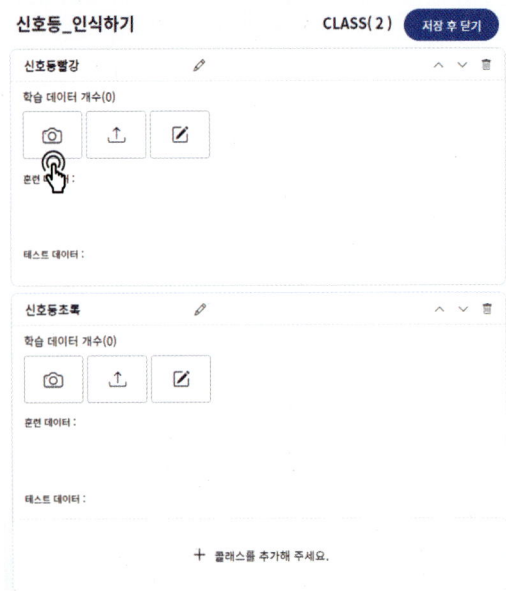

신호등의 불빛을 리모콘으로 변경하며, 각 레이블에 맞는 데이터를 수집합니다. 데이터를 수집할 때에는 딥코봇과 신호등 사이를 15cm~20cm 정도의 간격을 주고, 신호등의 위치를 바꿔가며 "사진찍기"를 클릭합니다. 데이터는 각 레이블별로 30개씩 수집합니다. 신호등빨강에 해당하는 데이터 수집이 끝나면 신호등초록에 해당하는 데이터도 동일한 방법으로 수집합니다.

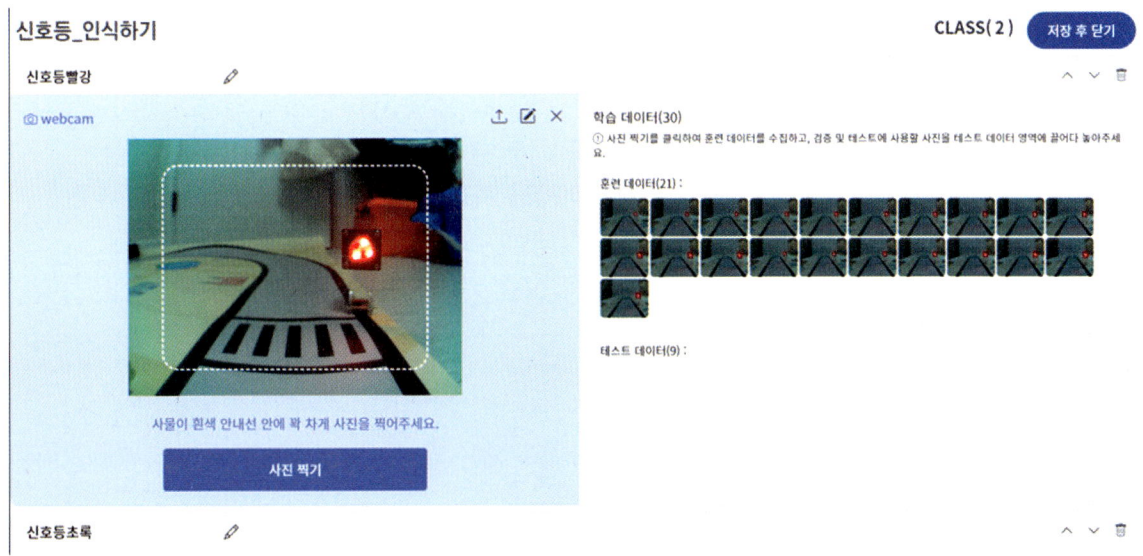

데이터를 수집할 때에는 리모콘의 "ON" 버튼으로 신호등을 켜고 신호등 빨강은 "R", 신호등 초록은 "G" 버튼을 눌러 각 레이블에 해당하는 데이터를 수집합니다.

3. 데이터 준비하기

학습을 시키기 위한 데이터들을 훈련 데이터와 테스트 데이터로 나눠요.

1. 훈련 데이터 : 이 데이터를 사용해 모델이 학습하게 돼요. 즉, 모델은 훈련 데이터를 통해 파란불 신호등과 빨간불 신호등을 어떻게 구분하는지 배우게 돼요.

2. 테스트 데이터 : 훈련 과정에서 모델의 성능을 측정하고, 모델이 과적합되지 않도록 도와주는 역할을 해요. 즉, 훈련 데이터만을 사용해 학습을 계속하면 모델이 훈련 데이터에 너무 맞춰져 버리는 과적합이 발생할 수 있는데, 테스트 데이터를 통해 모델이 잘 일반화되고 있는지 확인할 수 있어요.

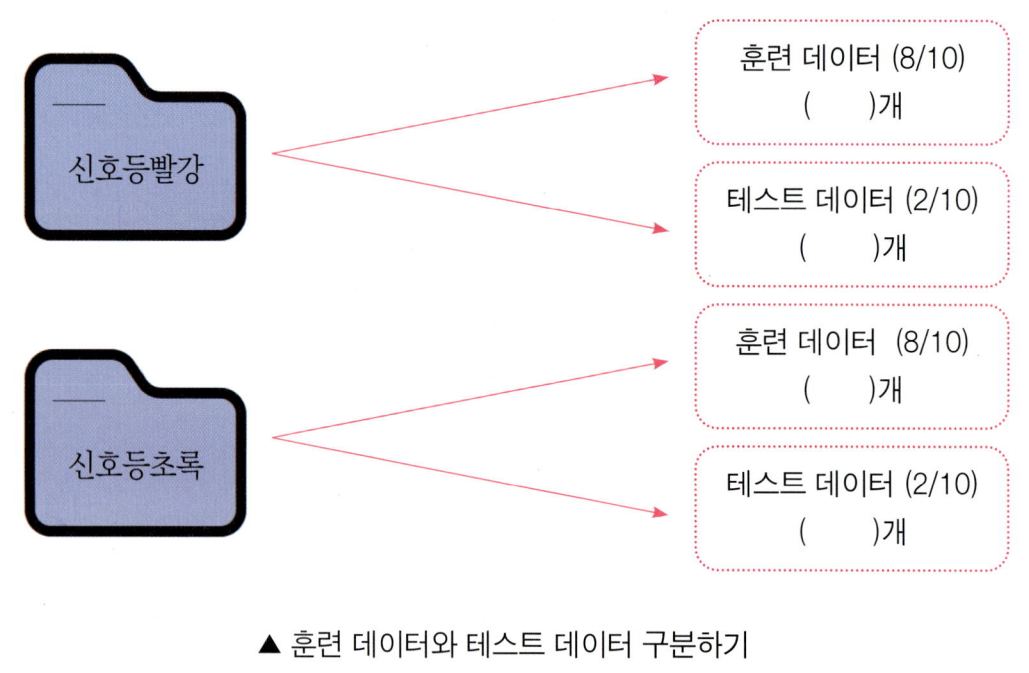

▲ 훈련 데이터와 테스트 데이터 구분하기

Q1 한 레이블에 있는 데이터는 30개입니다. 훈련 데이터와 테스트 데이터는 각각 몇 개씩 이어야 하는지 식과 답을 적어주세요

식 _____ 답 _____

식 _____ 답 _____

실습하기

1. 데이터 수집창에서 각 레이블에 해당하는 데이터를 확인하고, 잘못 수집된 데이터가 있을 경우 데이터에서 "X"를 클릭하여 해당 데이터를 삭제합니다. 삭제한 데이터의 수만큼 다시 데이터를 수집하여 각 레이블에 30개씩 데이터를 준비합니다.

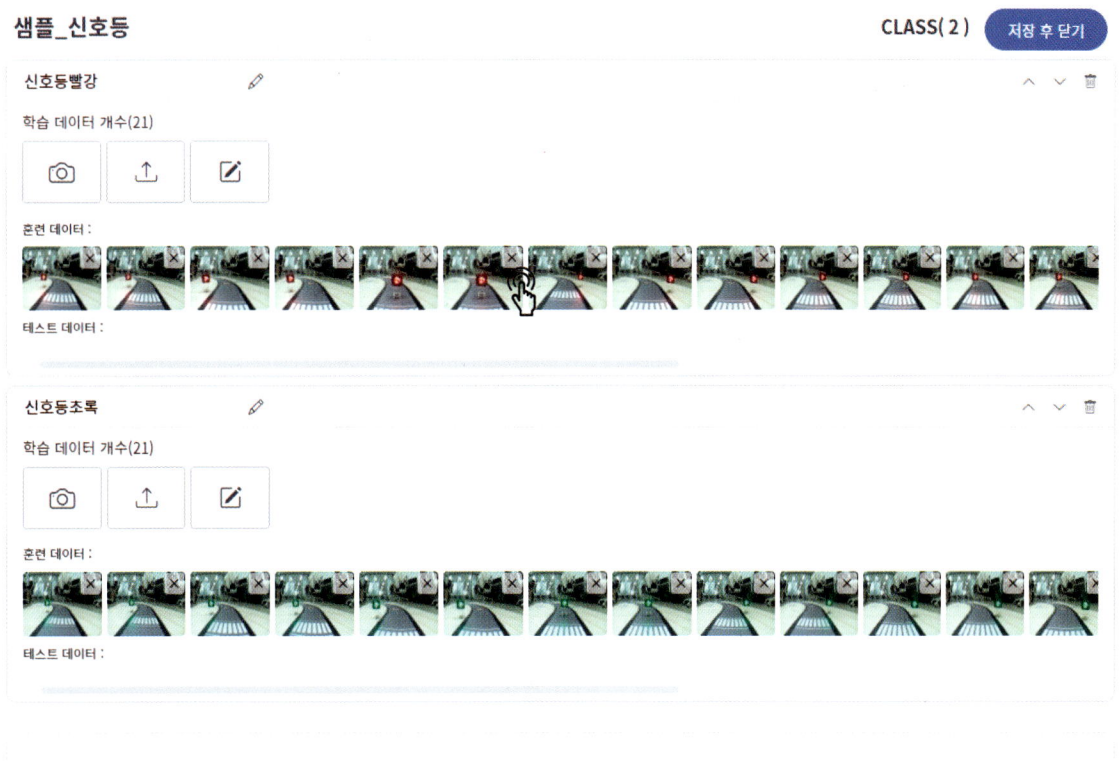

제5장 자율주행 자동차 만들기_신호등 인식하기

신호등 크기가 너무 작거나 신호등빨강 레이블에 초록색 불빛 데이터가 있는 등 데이터 수집이 잘못되면 인공지능은 정확하게 예측할 수 없습니다. 그래서 이렇게 올바른 데이터가 준비될 수 있도록 하는 과정은 매우 중요합니다. 데이터가 잘 안 보일 경우, 데이터를 클릭하면 크게 볼 수 있습니다.

2. 잘못된 데이터를 삭제하고 올바른 데이터가 준비되면, 훈련 데이터와 테스트 데이터를 구분합니다. 테스트 데이터는 앞에서 계산한 수만큼 준비합니다.

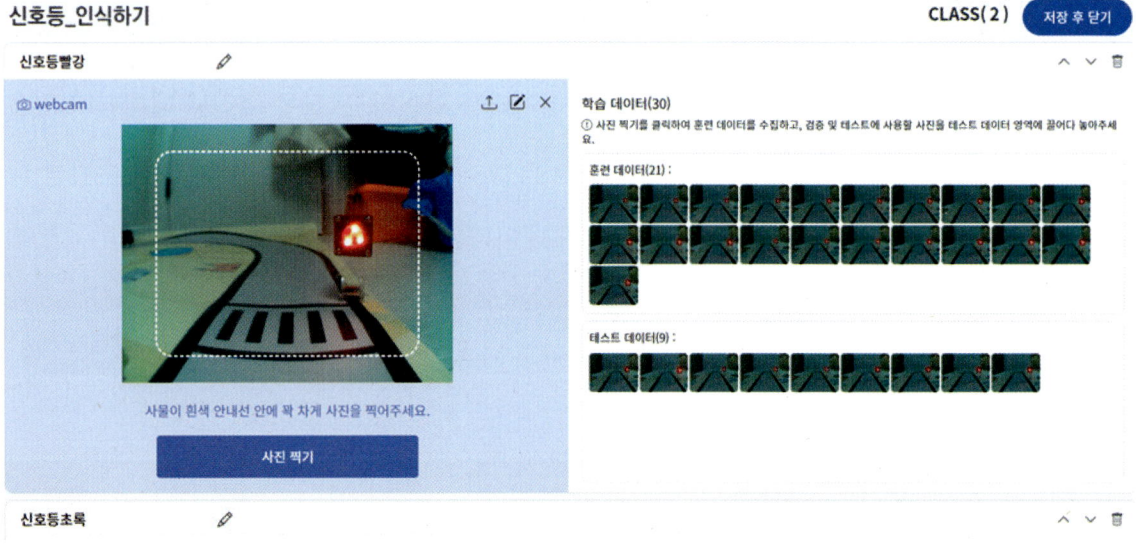

훈련 데이터와 테스트 데이터를 구분하기 위해서는 딥코봇의 카메라를 실행시킨 후, 오른쪽의 훈련 데이터에서 원하는 데이터를 클릭하고 드래그앤드롭을 통해 테스트 데이터 영역으로 옮겨줍니다.

3. 데이터 수집창을 닫고, 딥코 블록의 탭 이름을 "데이터 준비하기"로 변경합니다.

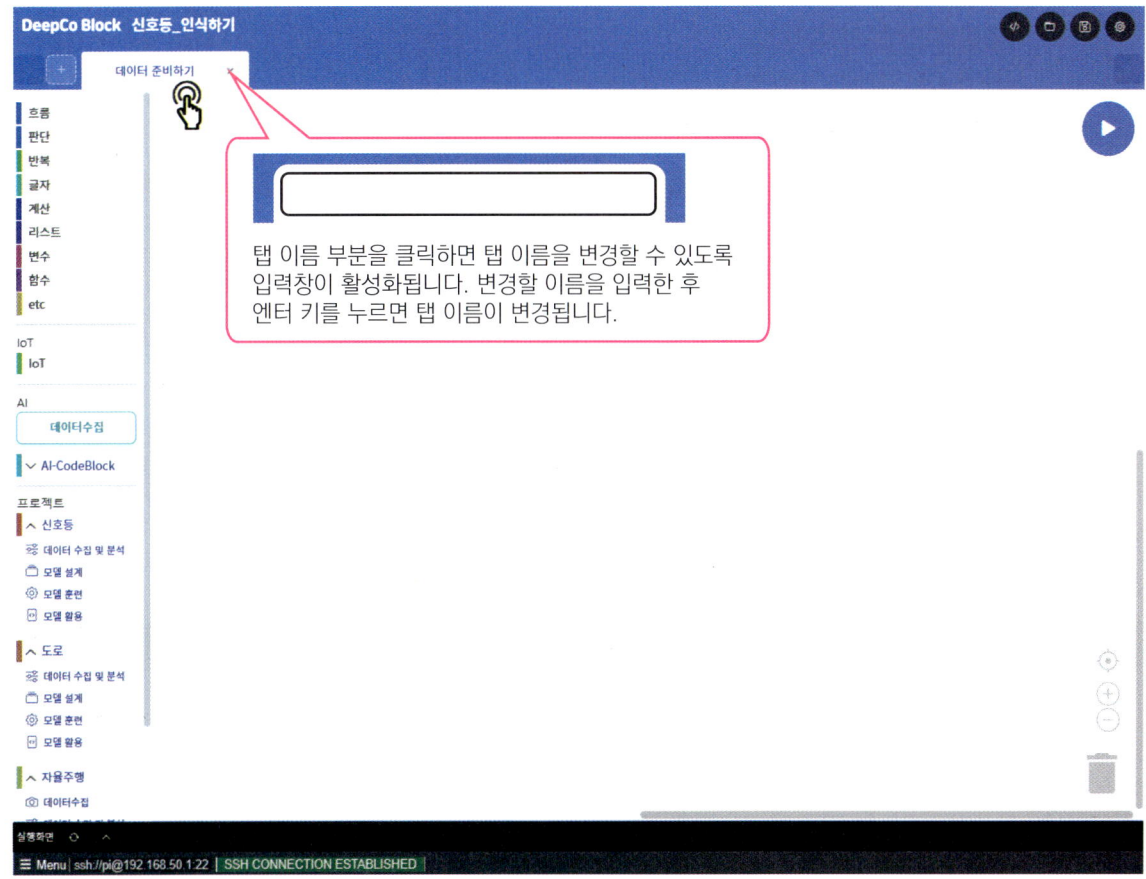

4. 딥코블록의 블록 영역에서 "프로젝트 > 신호등 > 데이터 수집 및 분석"을 클릭하여, 신호등 데이터 수집 및 분석을 위해 필요한 블록을 확인합니다.

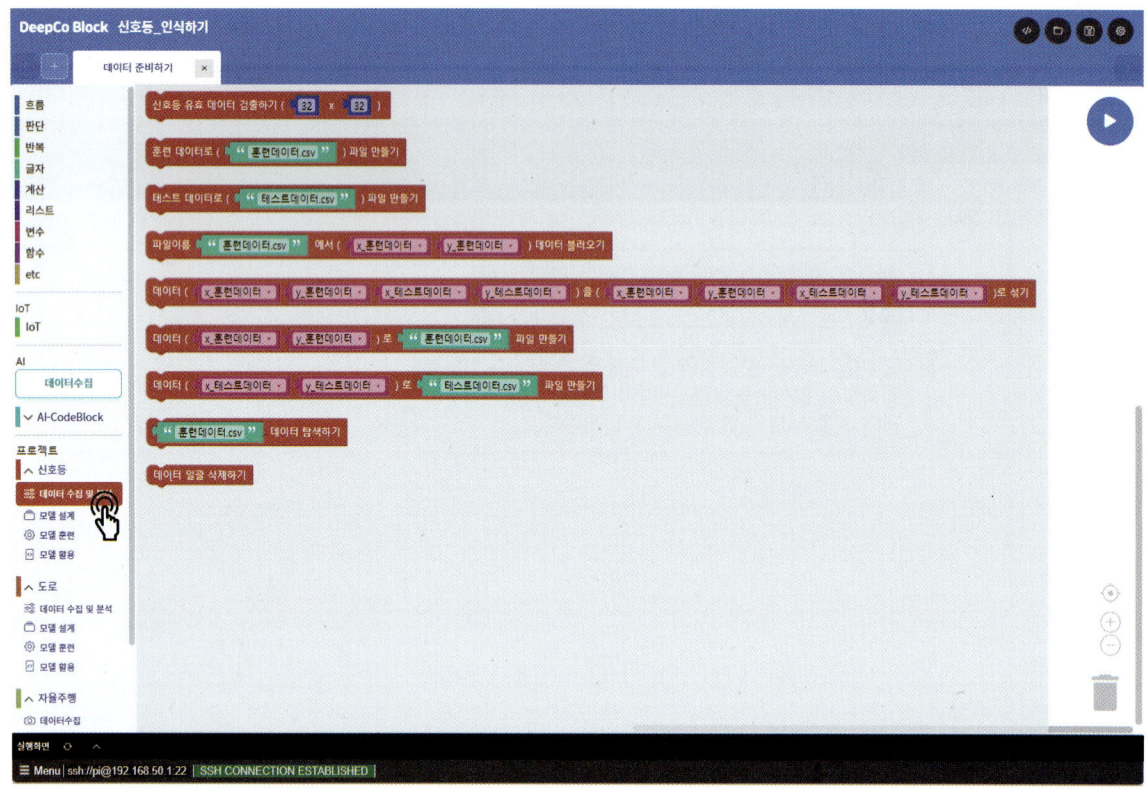

5. "**데이터 수집 및 분석**"에 있는 블록을 이용하여 다음과 같이 코딩한 후, 실행합니다.

* "블록 복사 그룹" 블록은 블록 영역의 "etc" 메뉴에 있습니다.

① 잘못된 데이터가 수집되면 인공지능 성능이 떨어지기 때문에 다시 한번 잘못된 데이터를 검출하는 블록입니다. 잘못된 데이터가 있을 경우 데이터가 삭제되므로 삭제된 데이터의 수만큼 다시 한번 데이터를 수집합니다.

② CSV는 쉼표를 기준으로 항목을 구분하여 저장한 데이터를 말합니다. 훈련 데이터와 테스트 데이터를 CSV 형식의 파일로 각각 저장하는 블록입니다.

③ CSV 형식으로 저장된 훈련 데이터와 테스트 데이터를 불러오는 블록입니다.

④ 데이터가 특정 순서로 정렬되어 있으면, 학습 모델이 그 순서를 인식해서 새로운 데이터는 제대로 예측할 수 없습니다. 따라서, 데이터 섞기를 통해 순서나 특정 패턴에 편향이 생기지 않도록 하여 학습 안정성을 높일 수 있는 블록입니다.

⑤ 데이터 섞기가 끝난 훈련 데이터와 테스트 데이터를 CSV 형식의 파일로 각각 저장하는 블록입니다.

⑥ 각 레이블별로 훈련 데이터와 테스트 데이터를 탐색하여 각각 몇 개씩 어떤 비율로 데이터가 준비되었는지 확인할 수 있는 블록입니다.

6. 콘솔창을 통해 실행 결과를 확인합니다.

수집된 데이터의 분석 결과

```
analysis file name : 훈련데이터.csv
Total data counts:   42
신호등 빨강 data counts:   21 , ratio(%):   50.0
신호등 초록 data counts:   21 , ratio(%):   50.0
```

분석할 파일 이름 : 훈련데이터.csv
전체 데이터 개수 : 42
신호등 빨강 데이터 개수 : 21, 비율(%) : 50.0
신호등 초록 데이터 개수 : 21, 비율(%) : 50.0

```
analysis file name : 테스트데이터.csv
Total data counts:   18
신호등 빨강 data counts:   9 , ratio(%):   50.0
신호등 초록 data counts:   9 , ratio(%):   50.0
```

분석할 파일 이름 : 테스트데이터.csv
전체 데이터 개수 : 18
신호등 빨강 데이터 개수 : 9, 비율(%) : 50.0
신호등 초록 데이터 개수 : 9, 비율(%) : 50.0

- 실행 결과를 확인하여 각 레이블별로 수집된 데이터의 비율이 다를 경우, 다시 한번 데이터를 수집하여 비율을 맞춥니다.
- 각 레이블별로 수집된 데이터의 균형이 맞지 않을 경우, 인공지능은 이미지를 제대로 예측할 수 없습니다.
- 데이터 준비하기는 인공지능이 잘 학습할 수 있도록 데이터를 처리하는 과정으로 번거롭지만 매우 중요한 단계입니다.

 4. 모델 설계하기

학습을 하기 위한 인공신경망을 만드는 단계예요. 인공신경망을 만드는 것은 바로 그 건물의 설계도를 만드는 과정입니다. 건물이 어떤 목적으로 쓰일 것인지, 얼마나 큰 공간이 필요한지에 따라 설계도는 달라질 것이죠. 마찬가지로, 인공신경망은 우리가 어떤 문제를 해결하려는지에 따라 그 구조가 달라집니다. 우리가 모델을 만들 때, 그 모델이 어떤 일을 할 것인지(예를 들어 이미지 분류), 그 일을 하기 위해 어떤 구조를 가져야 하는지(예를 들어, 합성곱 계층, 풀링 계층, 신경망 계층 등)를 결정합니다.

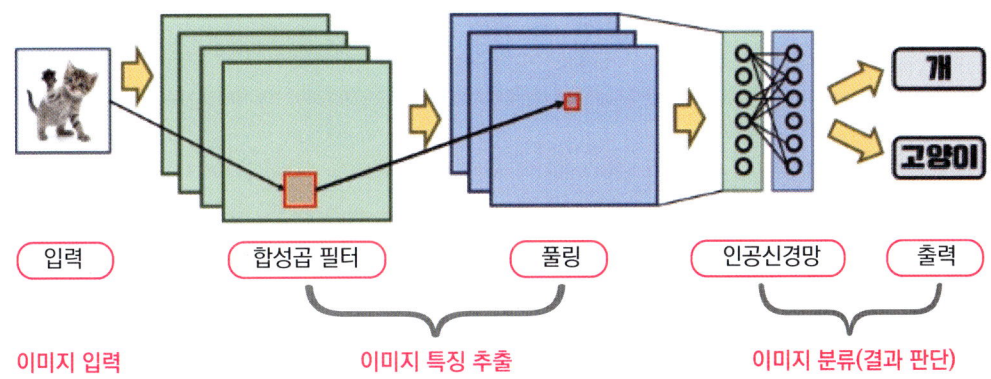

딥코 블록의 인공지능 블록을 통해 CNN 알고리즘을 구성 후 이미지 분류 모델을 설계합니다.

▲ 인공지능 모델 설계하기

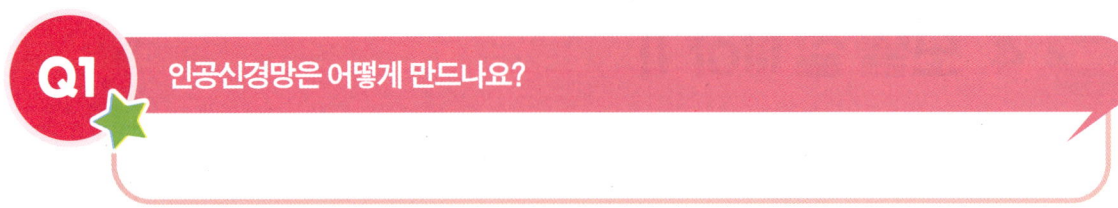

실습하기

1. 탭 영역에서 "+"를 클릭하여 탭을 추가한 후, 탭 이름을 "모델 설계하기"로 변경합니다.

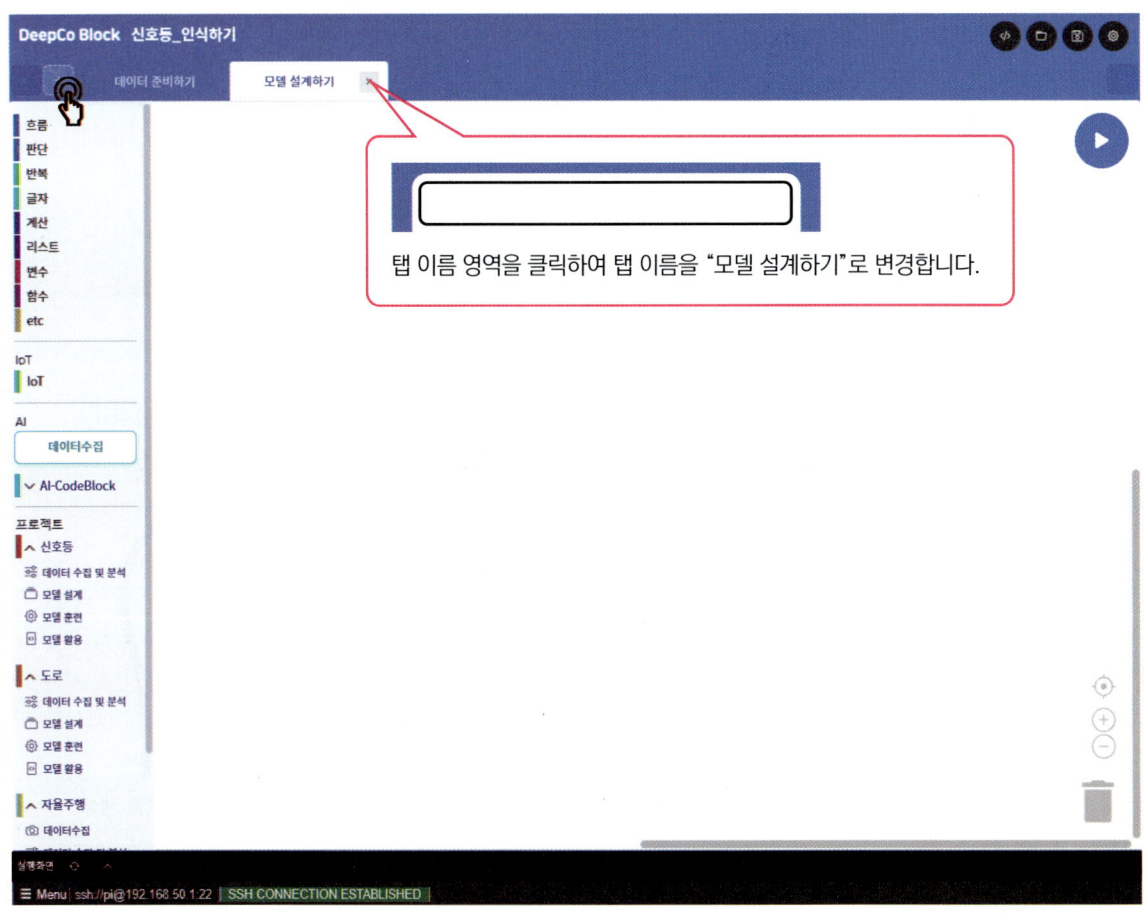

탭 이름 영역을 클릭하여 탭 이름을 "모델 설계하기"로 변경합니다.

2. 딥코 블록의 블록 영역에서 "프로젝트 > 신호등 > 모델 설계"를 클릭하여, 모델 설계하기에 필요한 블록을 확인합니다.

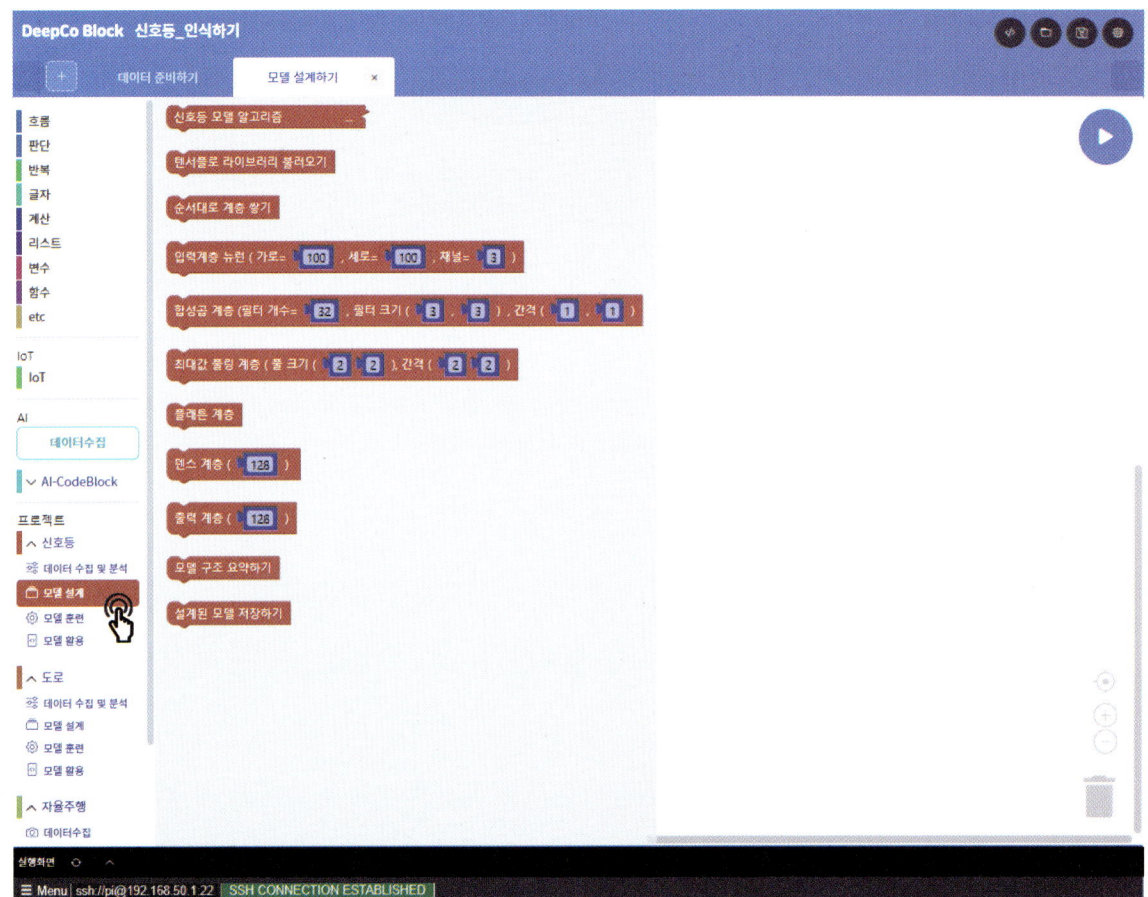

3. "모델 설계"에 있는 블록을 이용하여 다음과 같이 코딩한 후, 실행합니다.

```
01 텐서플로 라이브러리 불러오기
   순서대로 계층 쌓기
02 입력계층 뉴런 ( 가로= 32 , 세로= 32 , 채널= 3 )
03 합성곱 계층 (필터 개수= 6 , 필터 크기 ( 5 , 5 ) , 간격 ( 1 , 1 )
   최대값 풀링 계층 ( 풀 크기 ( 2 , 2 ), 간격 ( 2 , 2 )
   합성곱 계층 (필터 개수= 16 , 필터 크기 ( 5 , 5 ) , 간격 ( 1 , 1 )
   최대값 풀링 계층 ( 풀 크기 ( 2 , 2 ), 간격 ( 2 , 2 )
   합성곱 계층 (필터 개수= 120 , 필터 크기 ( 5 , 5 ) , 간격 ( 1 , 1 )
04 플래튼 계층
05 덴스 계층 ( 84 )
06 출력 계층 ( 2 )
   모델 구조 요약하기
   설계된 모델 저장하기
```

① 인공지능 코딩을 위해 텐서플로 라이브러리를 불러오는 블록입니다.

② 32×32 사이즈의 이미지 파일의 정보를 입력할 수 있도록 하는 뉴런을 구성하는 블록입니다.

③ 합성곱 계층 블록을 이용해 필터를 적용하면서 이미지 특징을 추출하고 최대값 풀링 계층 블록은 이미지 축소를 통해 이미지의 특징을 요약하여 연산량을 줄여줍니다. 필터 개수를 16, 120개로 늘려가며 점점 자세한 특징을 추출합니다.

④ CNN 알고리즘은 이미지와 같은 2D 입력 데이터를 다루기 때문에 합성곱 계층을 통해 만들어진 다차원 특징맵을 1차원 벡터로 변환하는 블록입니다.

⑤ 이미지가 입력되었을 때 해당 이미지가 어떤 레이블에 해당하는지 분류하기 위해 각각의 특징을 가지고 있는 뉴런을 연결하는 블록입니다.

⑥ 입력된 이미지의 예측된 결과를 출력하는 블록입니다. 출력 계층 블록에서 숫자 값은 레이블의 개수를 의미합니다. 레이블의 개수에 맞춰 숫자를 입력합니다. 신호등 인식하기 실습에서는 신호등 빨강, 신호등 초록 두 개의 레이블이 사용되므로 2를 입력하면 됩니다.

4. 콘솔창을 통해 실행 결과를 확인합니다.

```
Layer (type)                    Output Shape              Param #
=================================================================
conv2d (Conv2D)                 (None, 28, 28, 6)         456

max_pooling2d (MaxPooling2D     (None, 14, 14, 6)         0
)

conv2d_1 (Conv2D)               (None, 10, 10, 16)        2416

max_pooling2d_1 (MaxPooling     (None, 5, 5, 16)          0
2D)

conv2d_2 (Conv2D)               (None, 1, 1, 120)         48120

flatten (Flatten)               (None, 120)               0

dense (Dense)                   (None, 84)                10164

dense_1 (Dense)                 (None, 2)                 170

=================================================================
Total params: 61,326
Trainable params: 61,326
Non-trainable params: 0
```

- 실행 결과를 확인하여 각 계층 별 파라미터의 수를 확인합니다. 뉴스나 신문을 통해 "chat-GPT는 몇 억, 몇 조개의 파라미터를 가진다" 이런 이야기 들어보셨죠? 그 파라미터가 바로 이 파라미터입니다.
- 이 파라미터는 각각의 특징을 가지고 있어서 이미지가 입력되면 각 특징을 파악하여 어떤 레이블에 해당하는지 예측을 하게 됩니다.

모델 설계 및 생성하기를 통해 데이터를 학습시킬 "뇌"가 이렇게 만들어졌습니다!

설명 **CNN 알고리즘**

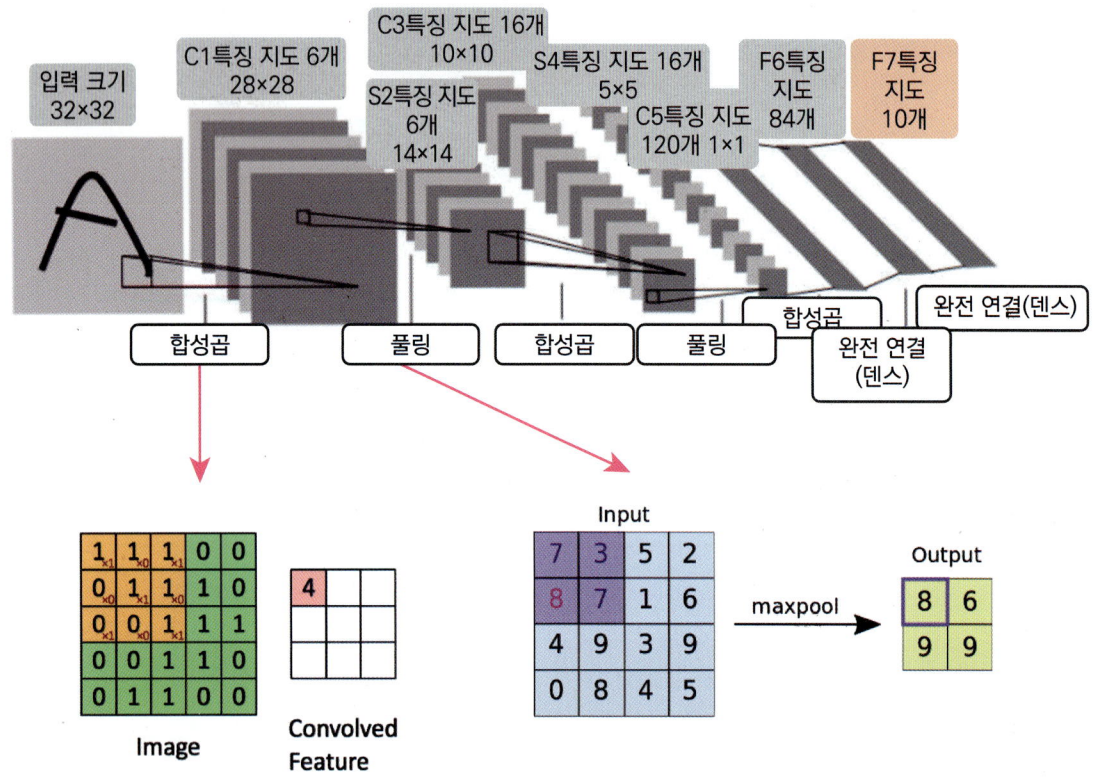

이미지의 크기가 32x32일 경우, 인공신경망의 입력층의 노드도 32x32의 개수로 설정을 해 줍니다. 합성곱을 통해 CNN 필터이미지(특징 지도)의 개수를 설정할 수 있고 총 3번의 합성곱의 과정과 2번의 풀링(이미지 축소) 과정을 거쳐 인공신경망의 은닉층에 최종 데이터들을 입력합니다.
앞에서 코딩한 내용과 CNN 알고리즘의 개념도를 비교해 보세요!

5. 모델 훈련하기

훈련 데이터 학습 : 훈련 데이터는 인공지능 모델이 문제를 풀기 위해 공부하는 책 같은 것이에요. 책에 나와있는 문제들을 풀면서 어떤 문제에 어떤 답이 나오는지 배워 나가는 것이죠. 이 과정에서 모델은 자신이 내놓는 답이 실제 답과 얼마나 잘 맞는지 계속 확인하며, 잘못된 부분을 고쳐 나가게 됩니다.

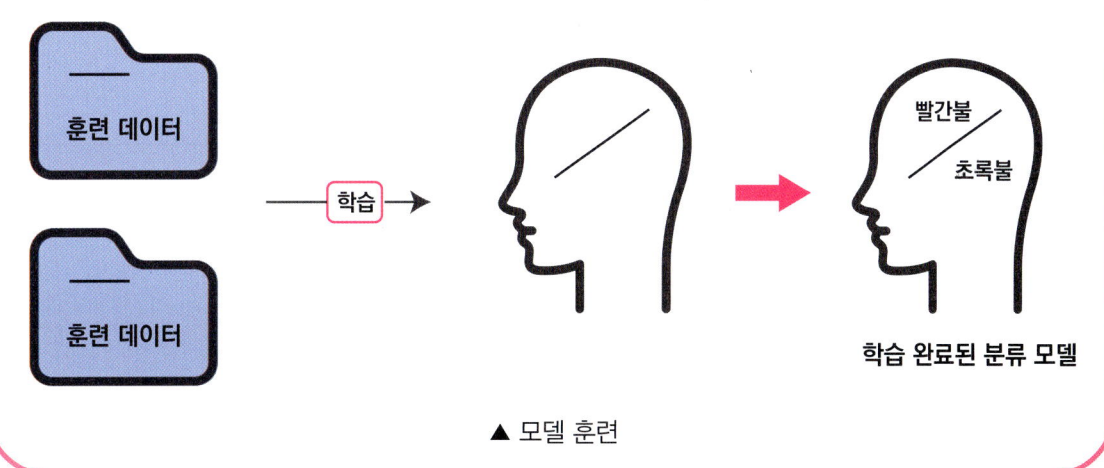

▲ 모델 훈련

테스트 데이터 학습 : 그런데, 단순히 책에 나온 문제들만 잘 풀면 될까요? 아니죠. 우리는 새로운 문제에도 잘 대처할 수 있는 능력이 필요하잖아요. 그래서, 학습 중간중간에는 검증 데이터라는 '모의 시험'을 보는 것이죠. 이 '모의 시험'은 학습하고 있는 책에는 나오지 않은 문제들로 이루어져 있어, 실제 시험에 잘 대비할 수 있게 도와줍니다.

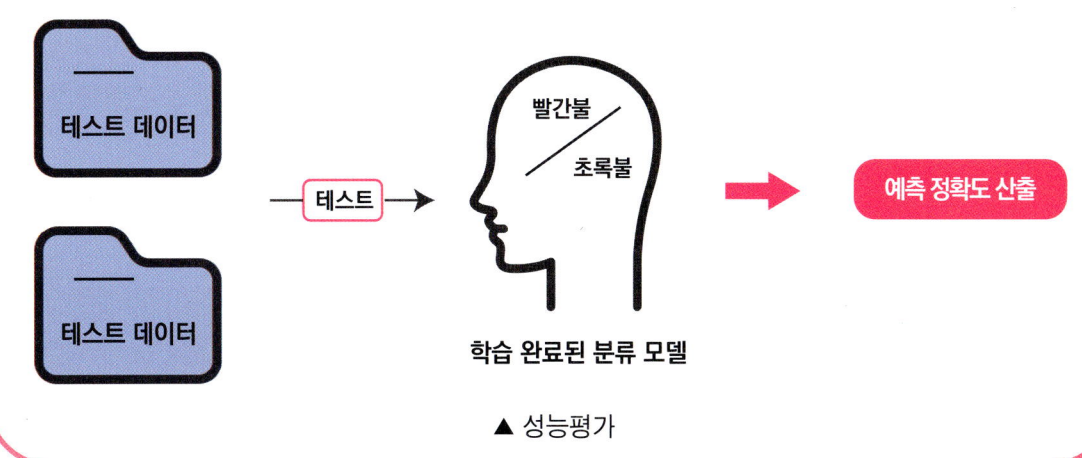

▲ 성능평가

실습하기

1. 탭 영역에서 "+"를 클릭하여 탭을 추가한 후, 탭 이름을 "모델 훈련하기"로 변경합니다.

2. 딥코 블록의 블록 영역에서 "프로젝트 > 신호등 > 모델 훈련"을 클릭하여, 모델 훈련하기에 필요한 블록을 확인합니다.

3. "모델 훈련"에 있는 블록을 이용하여 다음과 같이 코딩한 후, 실행합니다.

제5장 자율주행 자동차 만들기_ 신호등 인식하기 145

① 앞에서 준비한 훈련 데이터와 테스트 데이터를 불러오는 블록입니다.

② 준비된 데이터를 인공지능에 학습시키는 블록입니다. 에포크(학습 횟수)는 전체 데이터를 반복적으로 학습하는 횟수입니다. 데이터의 양, 종류 등에 따라 학습 횟수를 설정합니다.

③ 준비된 데이터를 학습한 모델을 저장하는 블록입니다. 이렇게 모델을 저장하여 생성된 모델은 이제 신호등이 빨간불인지 초록불인지 분류할 수 있게 됩니다.

4. 콘솔창을 통해 실행 결과를 확인합니다.

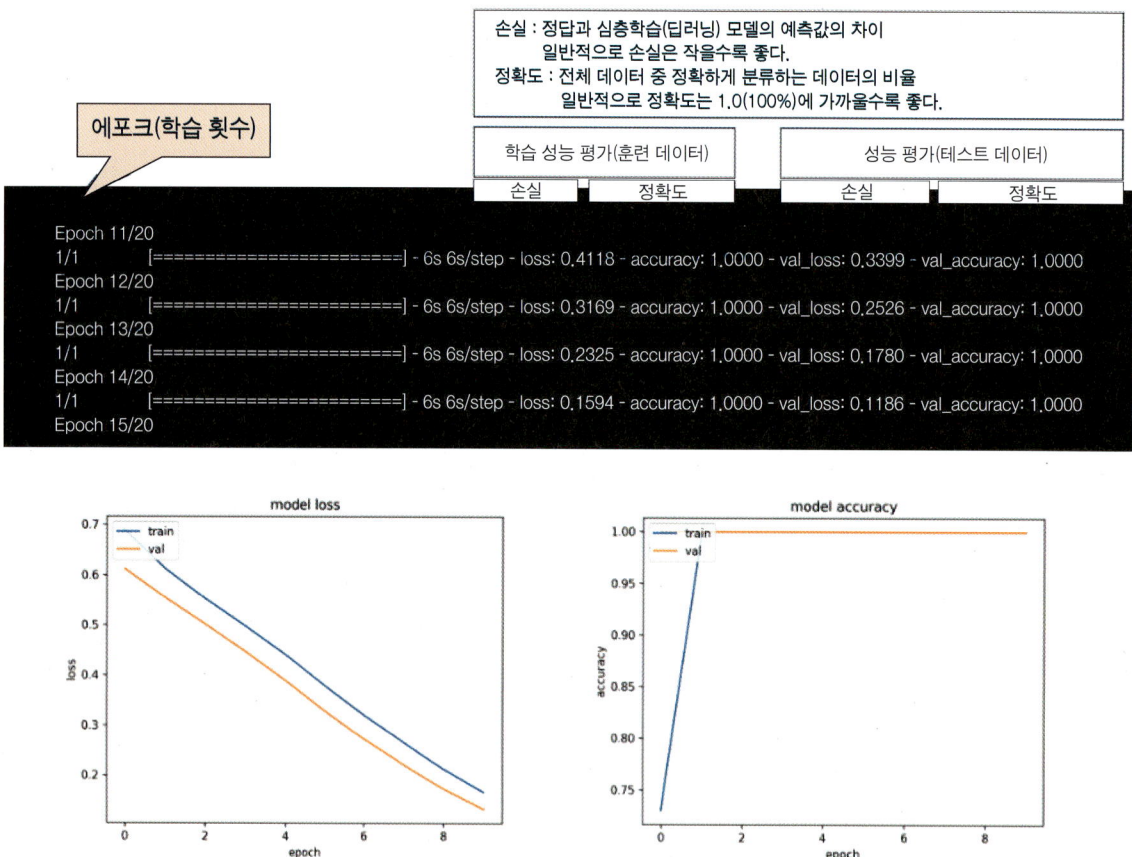

실행이 완료되면, 훈련 분석 결과를 그래프로 확인할 수 있습니다. 손실(loss)과 정확도(accuracy)가 에포크(학습 횟수)마다 어떻게 변화하는지 살펴봅시다.
손실이 높거나 정확도가 낮은 경우, 에포크(학습 횟수)의 값을 높여서 다시 실행합니다.

6. 모델 활용하기

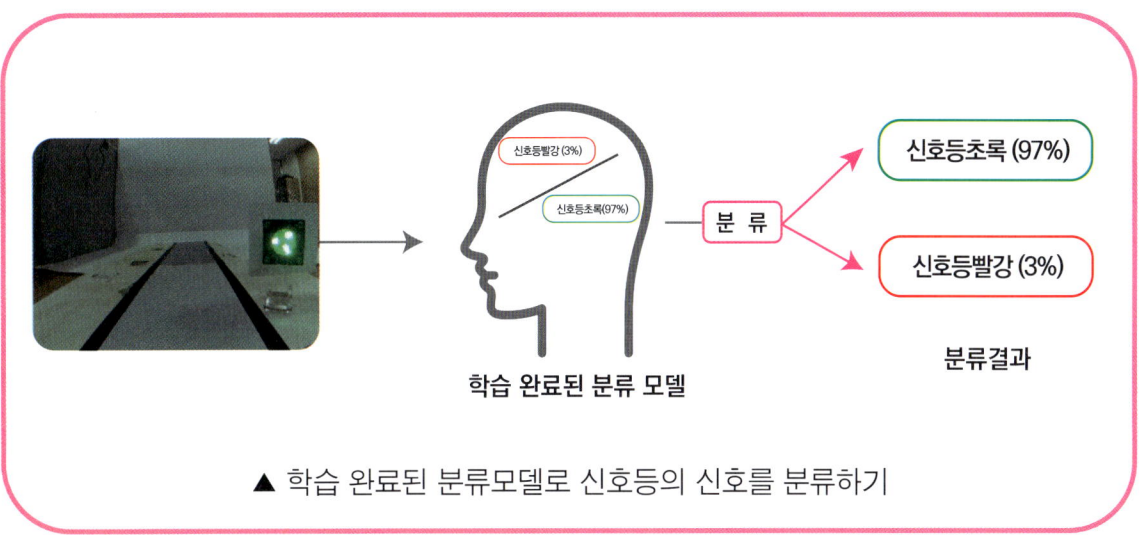

▲ 학습 완료된 분류모델로 신호등의 신호를 분류하기

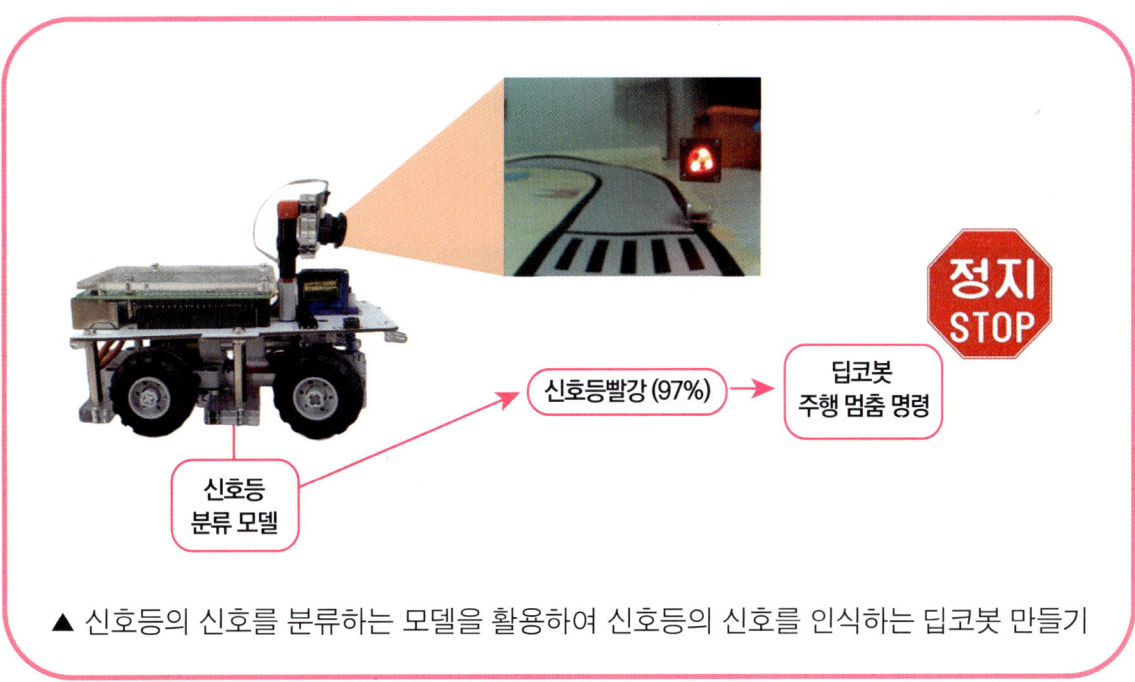

▲ 신호등의 신호를 분류하는 모델을 활용하여 신호등의 신호를 인식하는 딥코봇 만들기

실습하기

1. 탭 영역에서 "+"를 클릭하여 탭을 추가한 후, 탭 이름을 "모델 활용하기"로 변경합니다.

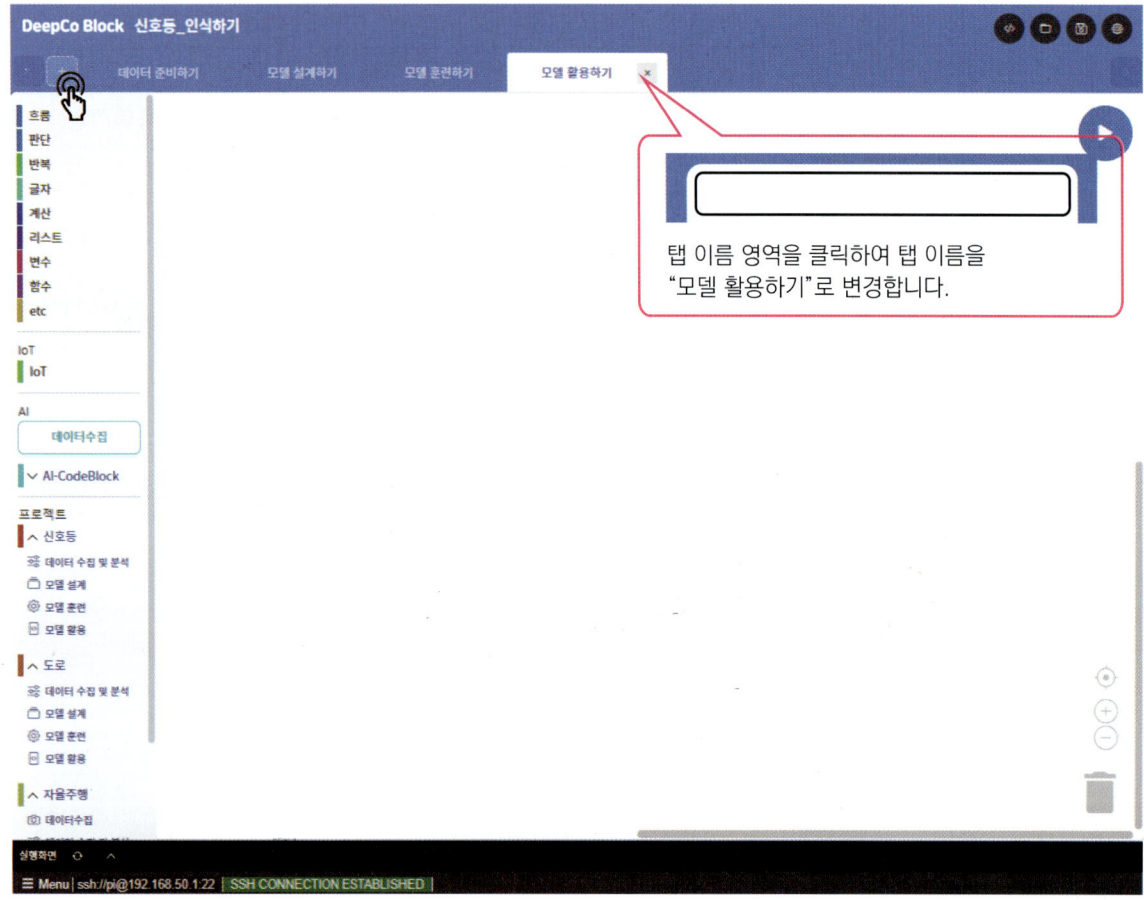

탭 이름 영역을 클릭하여 탭 이름을 "모델 활용하기"로 변경합니다.

2. 딥코 블록의 블록 영역에서 "프로젝트 > 신호등 > 모델 활용"을 클릭하여, 모델 활용하기에 필요한 블록을 확인합니다.

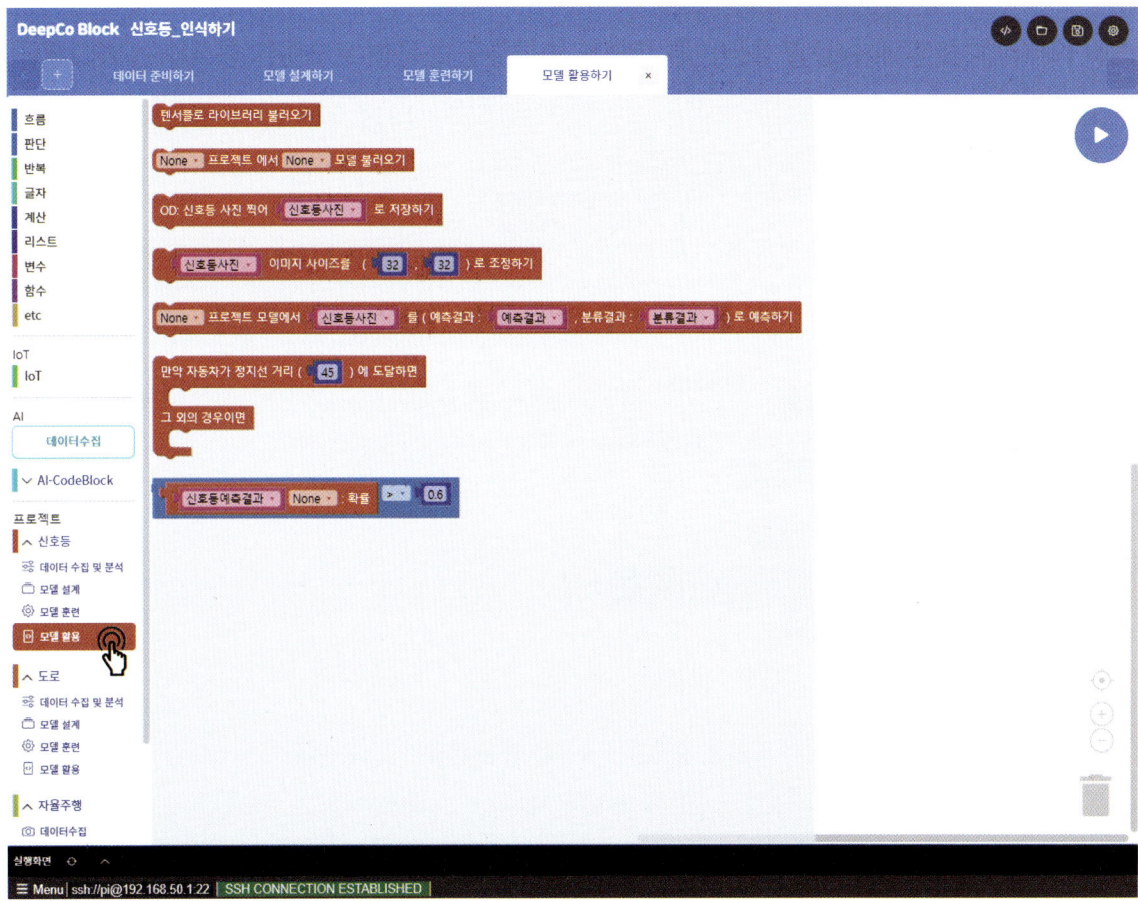

3. "모델 활용"에 있는 블록을 이용하여 다음과 같이 코딩합니다.

```
01 텐서플로 라이브러리 불러오기
02 신호등_인식하기 ▼ 프로젝트 에서 신호등 ▼ 모델 불러오기
03 DC 모터 속도를 40 로 정하기
04 서보 모터를 가운데 방향으로 정하기
05 동안 반복 참 ▼
    하기 실행하기
        OD: 신호등 사진 찍어 신호등사진 ▼ 로 저장하기  06
        신호등사진 ▼ 이미지 사이즈를 ( 32 , 32 )로 조정하기
        신호등_인식하기 ▼ 프로젝트 모델에서 신호등사진 ▼ 를 (예측결과: 예측결과 ▼ , 분류결과: 분류결과 ▼ ) 로 예측하기  07
        만약 분류결과 ▼ = "신호등빨강" 그리고 ▼ 예측결과 ▼ 신호등빨강 ▼ : 확률 > 0.6  08
        하기
            만약 자동차가 정지선 거리 ( 45 )에 도달하면
                DC 모터 정지하기
            그 외의 경우이면
                DC 모터 앞으로 움직이기
        아니라면 DC 모터 앞으로 움직이기  09
        만약 분류결과 ▼ = "신호등초록"  10
        하기 DC 모터 앞으로 움직이기
```

* DC모터, 서보모터 등 딥코봇의 장치를 움직이는 블록은 블록 영역의 "IoT" 메뉴에 있습니다.

① 인공지능 코딩을 위해 텐서플로 라이브러리를 불러오는 블록입니다.

② 신호등 학습이 완료된 신호등 분류 모델을 불러오는 블록입니다. "None"으로 되어 있는 프로젝트명을 클릭하여 해당 프로젝트인 "신호등_인식하기"를 선택하고 "None"으로 되어 있는 모델명을 클릭하여 앞에서 저장한 모델명 "신호등"으로 변경합니다.

③ 딥코봇의 속도를 조정하는 블록입니다. 최소 20 이상의 값을 가질 때 딥코봇이 움직일 수 있습니다.

④ 주행 전 딥코봇이 직진할 수 있도록 서보모터를 가운데로 정렬하는 블록입니다.

⑤ 프로그램 실행을 중지할 때까지 딥코봇이 계속해서 신호등을 인식하고 움직일 수 있도록 반복하는 블록입니다.

⑥ 딥코봇의 카메라가 신호등 사진을 찍어 이미지로 저장하도록 하는 블록입니다. 이 이미지는 신호등 분류 모델이 예측할 새로운 데이터가 됩니다.

⑦ 딥코봇의 카메라로 찍은 이미지를 예측하는 블록입니다.

⑧ 신호등 분류 모델의 분류 결과와 예측 결과 블록을 이용하여, 분류한 결과가 "신호등빨강"이고 예측 결과가 "0.6(60%)"보다 높으면 DC모터를 정지하여 딥코봇이 멈추게 합니다. 이때 예측 결과가 "None"으로 되어 있는 부분을 클릭하여 "신호등빨강"으로 변경합니다. 또, 딥코봇이 신호등과 가까운 거리까지 왔을 때 멈출 수 있도록 정지선과의 거리를 "45"로 설정해 줍니다.

⑨ 그 외의 조건에서는 DC모터 앞으로 움직이기 블록을 이용하여 딥코봇이 움직이게 합니다.

⑩ 분류 결과 블록을 이용하여 신호등 분류 모델의 분류 결과가 "신호등초록"이면 DC모터 앞으로 움직이기 블록을 이용하여 딥코봇이 움직이게 합니다.

4. 신호등 분류 모델을 활용하여 분류한 결과에 따라 딥코봇이 올바르게 움직이는지 "결과 예측" 버튼을 클릭하여 확인합니다.

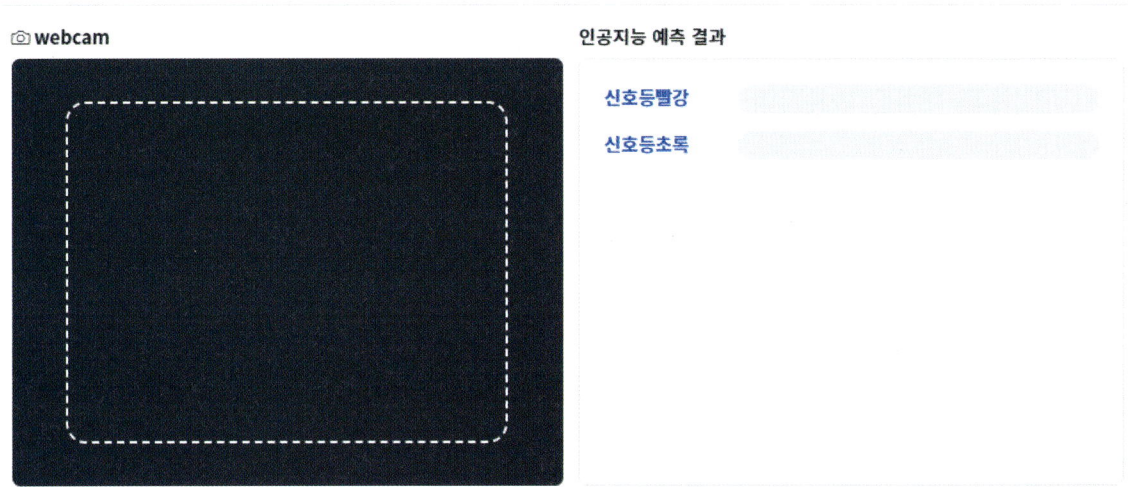

"결과 예측" 버튼을 클릭하면 결과 예측창이 실행됩니다. 결과 예측창에서 "실행" 버튼을 클릭해주세요.

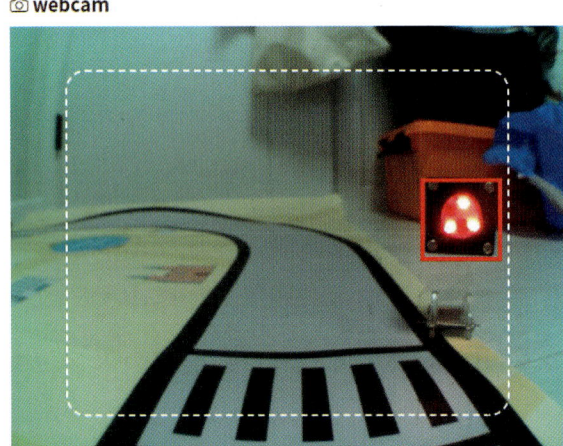

"실행" 버튼을 누르면 웹캠 영역에 딥코봇의 카메라를 통해 보여지는 화면이 보입니다. 인공지능 예측 결과 영역에서 딥코봇이 신호등 분류를 잘하고 있는지 확인해 보세요.

신호등 분류 모델을 활용하여 분류 결과가 신호등빨강이면, 딥코봇이 정지하고 신호등초록이거나 그 외 상황에서는 딥코봇이 움직이는 프로그램을 직접 만들어 보았습니다.

이미지를 인식하여 분류하고 분류된 결과를 활용하는 방법에 대해 조금 이해가 되셨나요? 우리 주변에 이미지 분류 모델을 활용하면 도움이 될 만한 것을 찾아 이야기해 봅시다.

> **설명** 인공지능의 일반화

인공지능에서 일반화(generalization)는 아주 중요한 개념입니다. 일반화란, 모델이 훈련 데이터뿐만 아니라, 이전에 보지 못했던 새로운 데이터에 대해서도 정확하게 예측하거나 분류하는 능력을 말합니다.

예를 들어, 우리가 어릴 때 우리의 부모님이 강아지라고 소개한 동물을 봤다고 가정합시다. 그리고 나서 우리는 다른 곳에서 훨씬 크거나 작고, 다른 색깔이나 모양의 강아지를 봤을 때, 그것이 여전히 강아지라는 것을 인식할 수 있습니다. 이것이 일반화의 사람 버전이라고 볼 수 있습니다.

이와 비슷하게, 인공지능 모델은 학습 데이터 세트에 있는 다양한 사례들을 통해 학습하고, 그 경험을 통해 보지 못했던 새로운 데이터에 대한 예측이나 분류를 잘 수행하도록 '일반화' 합니다.

이 일반화 능력이 높을수록, 모델은 실제 세계에서 더 유용하게 사용될 수 있습니다. 왜냐하면 실제 세계는 학습 데이터 세트에서 볼 수 있는 것보다 훨씬 더 다양하기 때문입니다.

그러나 주의해야 할 점은, 모델이 훈련 데이터에 너무 과도하게 학습하는 '과적합' 현상입니다. 과적합된 모델은 훈련 데이터에는 매우 잘 맞지만, 새로운 데이터에 대해서는 잘 맞지 않는 문제가 발생할 수 있습니다. 이는 일반화 능력이 부족하기 때문에 발생하는 현상입니다. 따라서, 모델을 훈련시킬 때는 일반화 능력을 높이는 것에 주의를 기울여야 합니다.

PART 06

자율주행 자동차 만들기
(도로 인식하기)

01 도로 인식을 위한, 딥러닝을 해볼까?

 1. 문제 정의하기

문제 상황

서준이네 가족이 강원도로 자동차 여행을 떠났어요. 아빠가 운전을 하고 있어요. 가는 길은 정말 다양한 모습을 하고 있었어요. 오른쪽으로 휘어진 도로, 왼쪽으로 휘어진 도로, 직진도로 등이 있었어요. 오른쪽으로 휘어진 도로가 앞에서 보이면 운전대를 오른 쪽으로 돌리고 왼쪽으로 휘어진 도로가 보이면 운전대를 왼쪽으로 돌렸어요. 다시 직진 길이 보이면 운전대를 반듯이 돌렸어요. 서준이는 생각했어요. 인공지능이 운전을 대신해 준다면 아빠가 편하게 여행을 갈 수 있을 거라고 생각했어요. 서준이는 인공지능은 어떻게 운전을 할 수 있을지 고민했어요. 인공지능이 아빠처럼 카메라를 통해 오른쪽으로 휘어진 길, 왼쪽으로 휘어진 길, 직진하는 길로 분류하고 분류된 길의 방향에 따라 운전대를 같은 방향으로 움직이도록 하면 되지 않을까 생각했어요.

목표 정하기

1. 딥코봇이 카메라를 통해 도로의 모양을 인식하여 직진 도로, 우회전 도로, 좌회전 도로로 분류할 수 있는 인공지능 모델을 만든다.
2. 인공지능 모델이 도로의 모양을 판단하여 도로의 모양에 따라 주행하도록 코딩한다.

Q1 인공지능 학습을 위해 어떤 데이터들이 필요할까요?

Q2 어떤 종류의 인공지능 모델을 학습시켜야 할까요? (　)

　　　　　　1) 회귀모델　　　2) 분류모델

Q3 다음 도로의 모양을 분류하여 보세요.

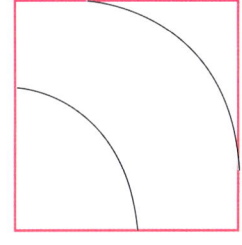 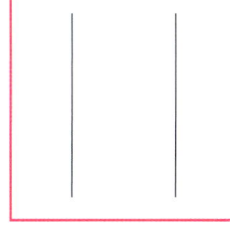 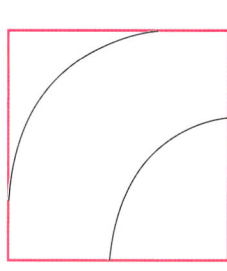

　　　우회전 도로　　　　　좌회전 도로　　　　　직진 도로

 ## 2. 데이터 수집하기

이 프로젝트에서는 딥코봇이 자율주행을 할 수 있도록 도로를 학습시키기 위해 도로 이미지를 수집하고, 그 이미지를 '직진', '우회전', '좌회전'의 세 가지 범주로 분류해요. 이 분류 작업은 '데이터 레이블링'을 위한 것이에요.

신호등 데이터를 수집하는 것과 달리 도로 분류를 위한 레이블링 방식은 인터렉티브하게 진행됩니다. 사용자가 자동차를 운전하면서 키보드의 방향키를 사용하는데, 이때 누르는 방향키에 따라 레이블이 부여됩니다.
예를 들어 사용자가 왼쪽 방향키를 누르면, 그 순간 딥코봇 카메라가 촬영한 도로 이미지는 '좌회전' 폴더에 저장되고, '좌회전' 레이블이 부여됩니다. 이와 같이 사용자의 조작에 따라 레이블이 자동으로 부여되는 방식이 인터렉티브 레이블링입니다.

이 방식은 대량의 데이터를 빠르고 효과적으로 레이블링할 수 있게 해주며, 복잡한 레이블링 작업을 간소화하고 자동화하는 데 도움이 됩니다. 이렇게 수집하고 레이블링된 이미지 데이터는 이후 딥러닝 모델 학습에 사용됩니다.

class1　　　class2　　　class3

실습하기

1. 딥코봇과 노트북을 와이파이로 연결한 후 크롬 브라우저를 열어 URL 입력창에 "bot.deepco.co.kr"을 입력하여, 딥코봇 사이트에 접속합니다.

   (자세한 연결 방법은 1장의 딥코봇 연결하기를 참고하세요.)

2. "실습하기"를 클릭하여 프로젝트 페이지로 이동합니다.

3. "새 프로젝트 만들기"를 클릭하여 내 프로젝트 내에 새로운 프로젝트를 만듭니다.

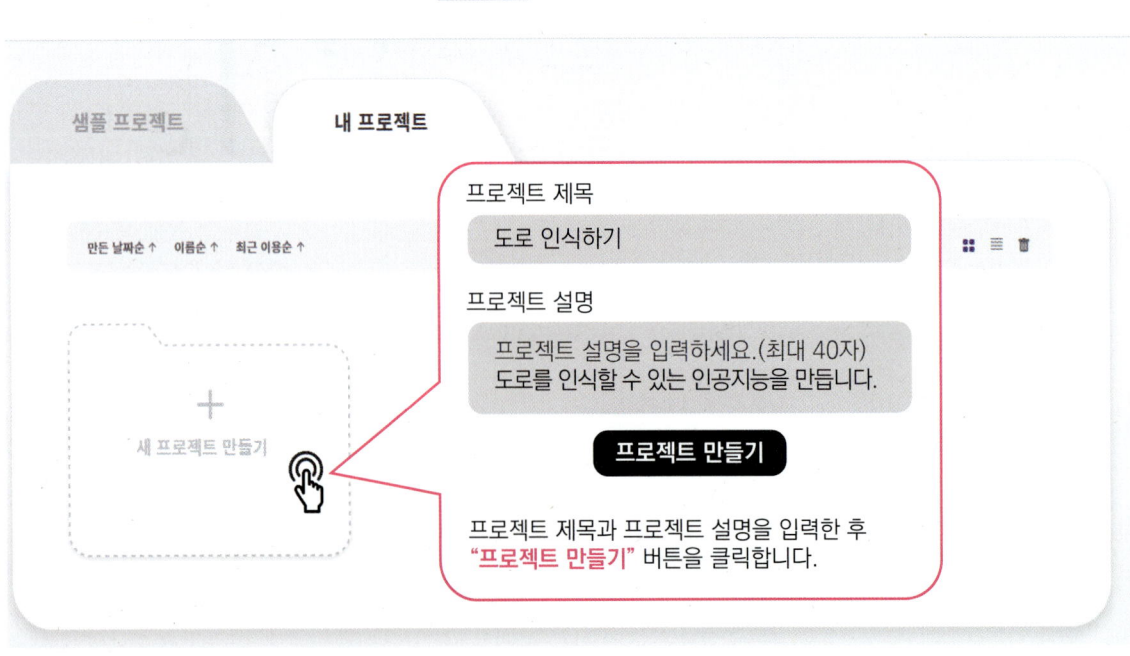

4. 만들어진 새 프로젝트를 클릭하여 딥코 블록을 실행합니다.

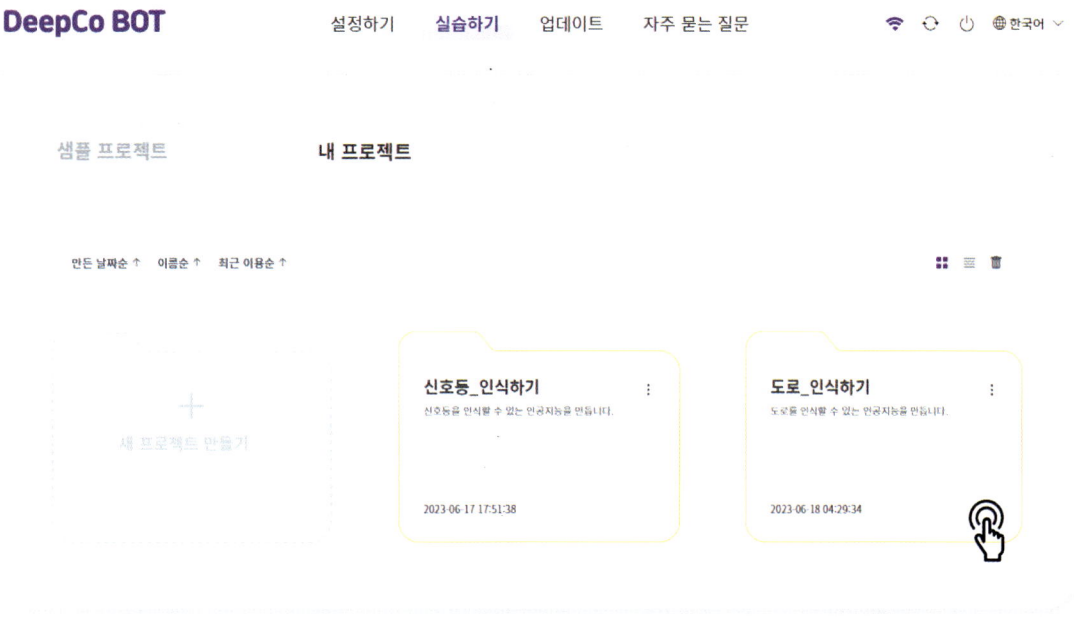

5. 딥코 블록의 탭 이름을 "데이터 수집하기"로 변경합니다.

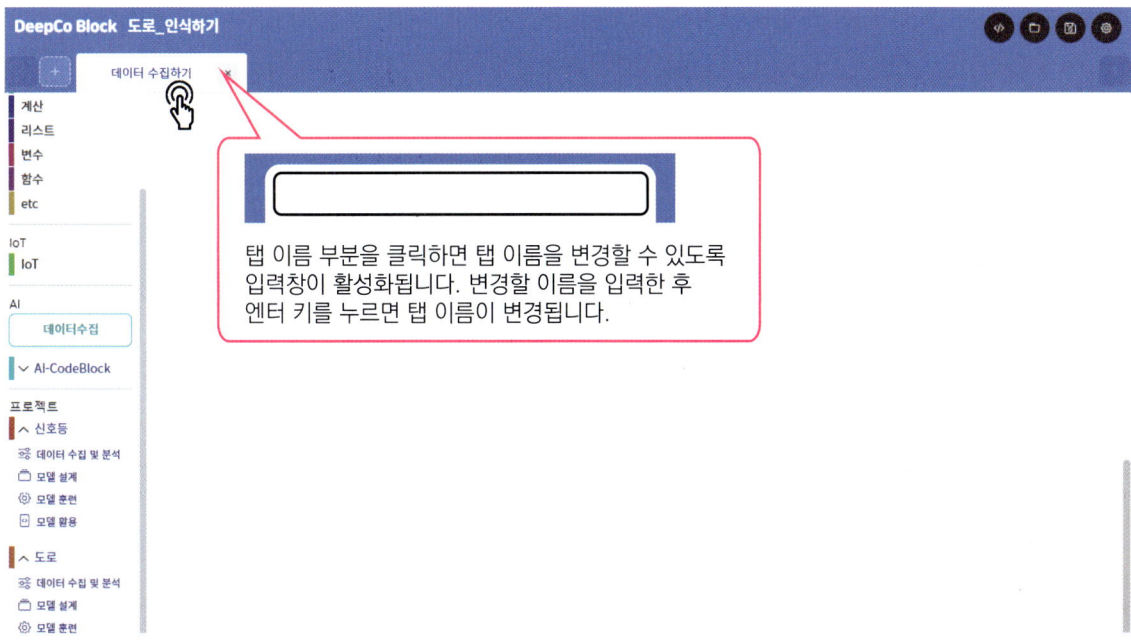

탭 이름 부분을 클릭하면 탭 이름을 변경할 수 있도록 입력창이 활성화됩니다. 변경할 이름을 입력한 후 엔터 키를 누르면 탭 이름이 변경됩니다.

6. 딥코 블록의 블록 영역에서 "프로젝트 > 도로 > 데이터 수집 및 분석"을 클릭하여, 도로 데이터 수집을 위해 필요한 블록을 확인합니다.

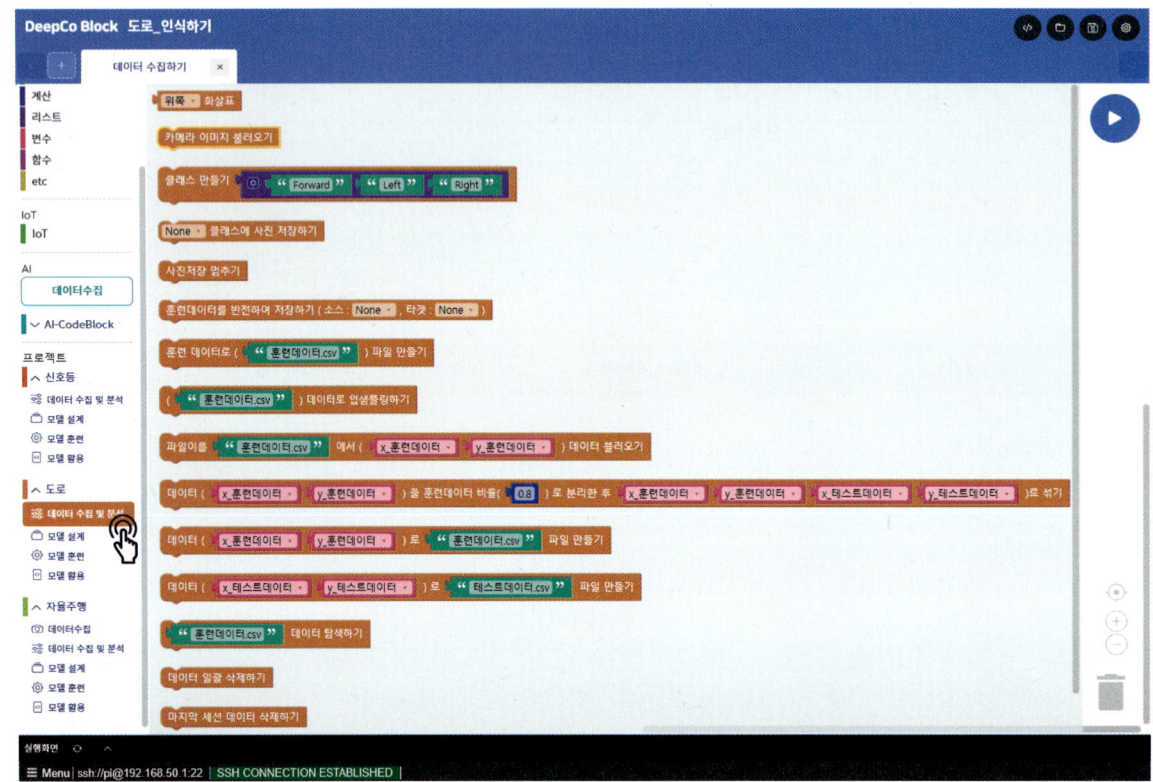

7. **"데이터 수집 및 분석"** 에 있는 블록을 이용하여 다음과 같이 코딩한 후, 실행합니다.

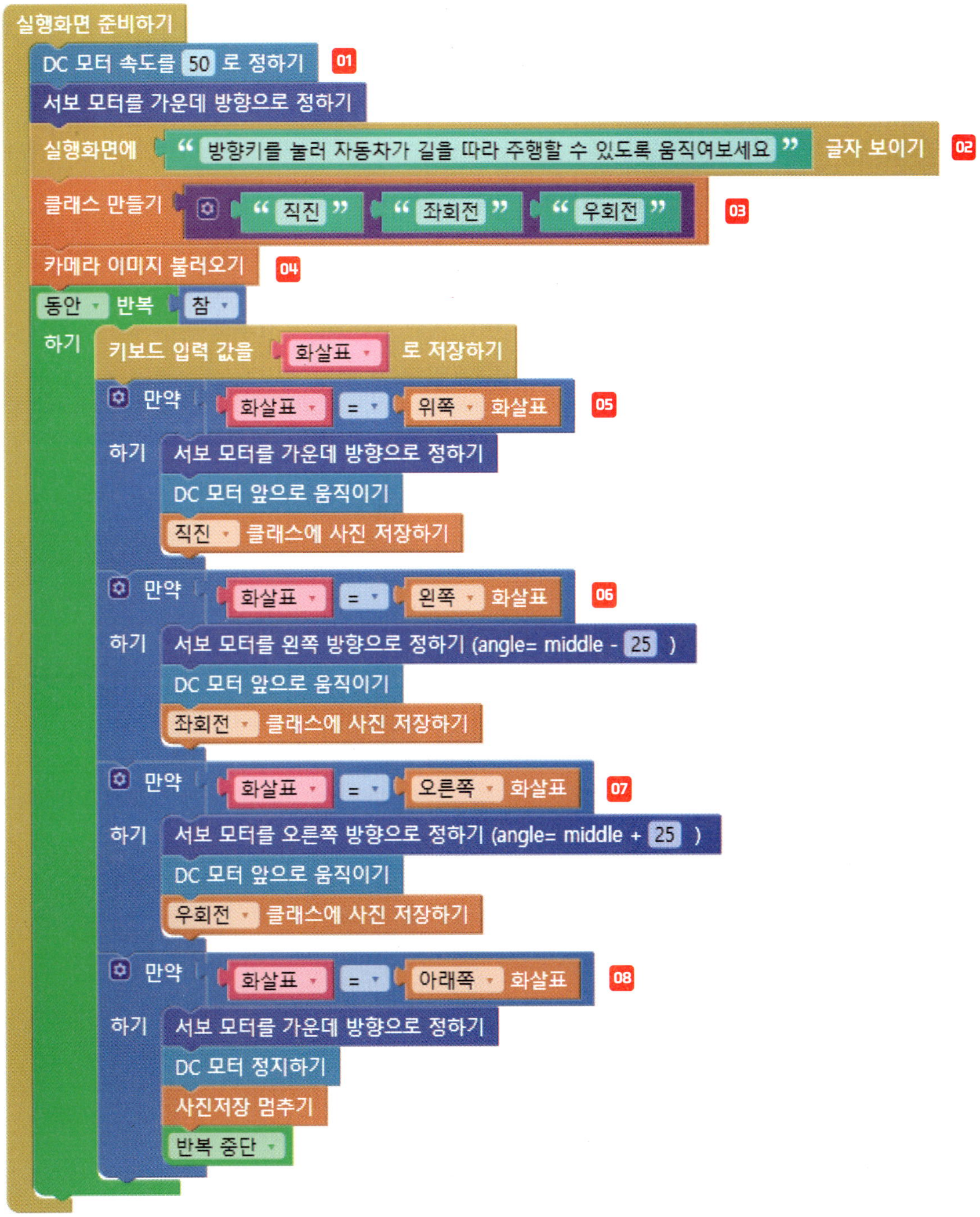

```
실행화면 준비하기
    DC 모터 속도를 [50] 로 정하기  [01]
    서보 모터를 가운데 방향으로 정하기
    실행화면에 " 방향키를 눌러 자동차가 길을 따라 주행할 수 있도록 움직여보세요 " 글자 보이기  [02]
    클래스 만들기 ⚙ " 직진 " " 좌회전 " " 우회전 "  [03]
    카메라 이미지 불러오기  [04]
    동안 반복 참
    하기
        키보드 입력 값을 [화살표] 로 저장하기
        ⚙ 만약 [화살표] = [위쪽] 화살표  [05]
        하기
            서보 모터를 가운데 방향으로 정하기
            DC 모터 앞으로 움직이기
            [직진] 클래스에 사진 저장하기
        ⚙ 만약 [화살표] = [왼쪽] 화살표  [06]
        하기
            서보 모터를 왼쪽 방향으로 정하기 (angle= middle - [25])
            DC 모터 앞으로 움직이기
            [좌회전] 클래스에 사진 저장하기
        ⚙ 만약 [화살표] = [오른쪽] 화살표  [07]
        하기
            서보 모터를 오른쪽 방향으로 정하기 (angle= middle + [25])
            DC 모터 앞으로 움직이기
            [우회전] 클래스에 사진 저장하기
        ⚙ 만약 [화살표] = [아래쪽] 화살표  [08]
        하기
            서보 모터를 가운데 방향으로 정하기
            DC 모터 정지하기
            사진저장 멈추기
            반복 중단
```

* DC모터, 서보모터 등 딥코봇의 장치를 움직이는 블록은 블록 영역의 "IoT" 메뉴에 있습니다.

제6장 자율주행 자동차 만들기_도로 인식하기 **163**

① 딥코봇의 속도를 50으로 설정하고 반듯하게 직진할 수 있도록 서보모터를 가운데로 정렬하는 블록입니다.

② 도로 데이터를 수집할 준비가 되면 콘솔창에 문구가 표시되도록 하는 블록입니다. 실행 후 해당 문구가 콘솔창에 보이면 키보드를 통해 데이터 수집을 시작합니다.

③ 도로 이미지를 분류하기 위해 레이블을 부여하는 블록입니다. 도로 이미지 분류에 필요한 "직진", "좌회전", "우회전" 레이블이 만들어집니다.

④ 도로 이미지를 수집하기 위해 카메라를 작동시키는 블록입니다.

⑤ "↑" 화살표키를 누르면 딥코봇이 직진하며, "직진" 레이블에 딥코봇의 카메라를 통해 보여지는 도로 이미지를 저장합니다. "None"으로 되어 있는 레이블을 클릭하여 "직진" 레이블로 변경합니다.

⑥ "←" 화살표키를 누르면 딥코봇이 좌회전하며, "좌회전" 레이블에 딥코봇의 카메라를 통해 보여지는 도로 이미지를 저장합니다. "None"으로 되어 있는 레이블을 클릭하여 "좌회전" 레이블로 변경합니다.

⑦ "→" 화살표키를 누르면 딥코봇이 좌회전하며, "우회전" 레이블에 딥코봇의 카메라를 통해 보여지는 도로 이미지를 저장합니다. "None"으로 되어 있는 레이블을 클릭하여 "우회전" 레이블로 변경합니다.

⑧ "↓" 화살표키를 누르면 딥코봇이 정지하며, 도로 이미지 수집을 중지하도록 합니다.

8. 학습할 도로를 준비하고 콘솔창을 통해 실행 결과를 확인한 후, 키보드의 방향키로 딥코봇을 조종하여 도로 이미지를 수집합니다.

딥코봇을 조종하기 전, 학습할 도로를 준비합니다.

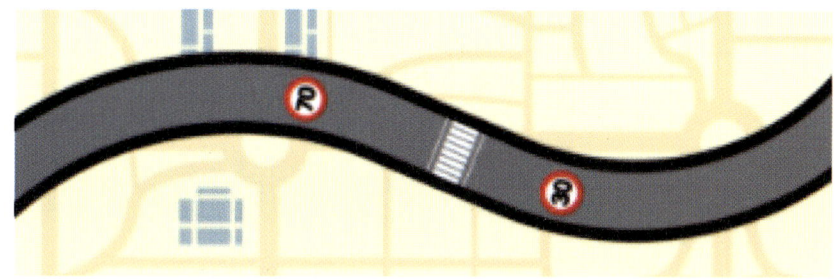

> 도로맵은 별도 구매 상품입니다. 구매처에 문의하세요.
> 검은 테이프를 이용하여 원하는 형태로 도로를 만들어 사용할 수도 있습니다.

콘솔창에 "방향키를 눌러 자동차가 길을 따라 주행할 수 있도록 움직여보세요"라는 문구가 확인되면 키보드의 방향키를 이용하여 도로를 벗어나지 않도록 딥코봇을 조종합니다.

도로 인식을 위한 데이터의 양은 방대하기 때문에 앞서 설명한 것처럼 데이터 수집 코딩을 통해 딥코봇을 키보드로 조종하면서 데이터를 수집하는 인터렉티브 레이블링 방식으로 레이블링합니다.

도로 이미지 수집이 완료되면 우측 상단의 ⬤ (데이터 보기)를 클릭하여 데이터가 잘 수집되었는지 확인할 수 있습니다.

제6장 자율주행 자동차 만들기_도로 인식하기 **165**

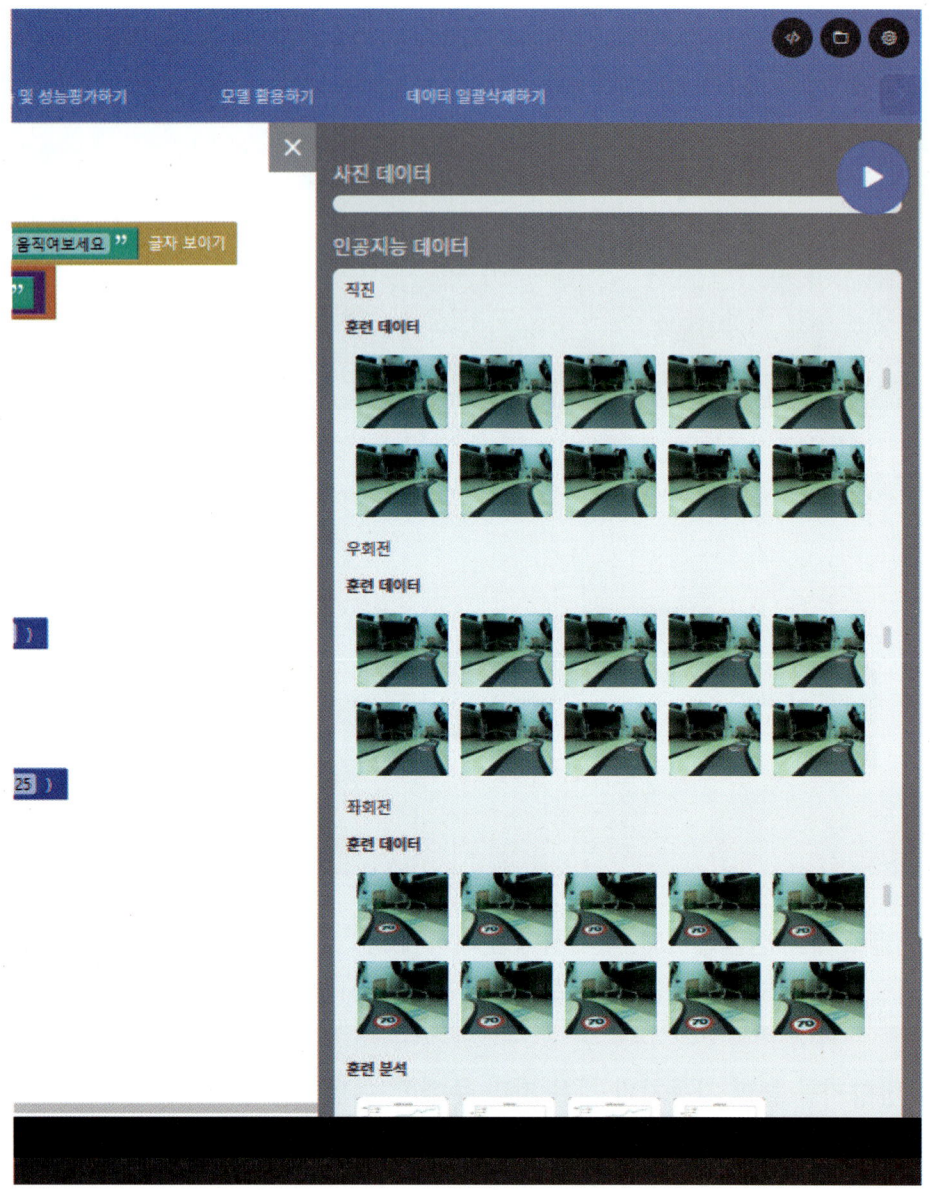

딥코봇 조종 시 도로를 벗어나거나 조종이 원활하지 않아 데이터를 다시 수집해야 하는 경우, "데이터 일괄 삭제하기" 블록을 실행하여 데이터를 일괄 삭제한 후, 다시 데이터를 수집합니다.

다시 데이터를 수집할 때에는 "데이터 수집하기"를 다시 실행하고, 딥코봇을 조종하여 도로 이미지를 수집합니다.

 3. 데이터 준비하기

사용자가 딥코봇을 조종하며 도로 이미지를 수집하는 방식은 대량의 데이터를 수집합니다. 이렇게 대량으로 데이터가 수집된 경우, 신호등 분류 모델처럼 훈련 데이터와 테스트 데이터를 직접 나누기가 어렵기 때문에 코딩을 통해 훈련 데이터와 테스트 데이터를 쉽게 나눌 수 있습니다. 이렇게 자동으로 데이터를 준비하기 위한 코딩을 하면, 우리가 가진 대량의 데이터를 잘 섞고, 우리가 원하는 비율로 훈련 데이터와 테스트 데이터로 나누는 과정을 자동화할 수 있습니다. 이러한 과정을 통해, 우리는 대량의 데이터도 인공지능이 학습할 수 있도록 준비할 수 있습니다.

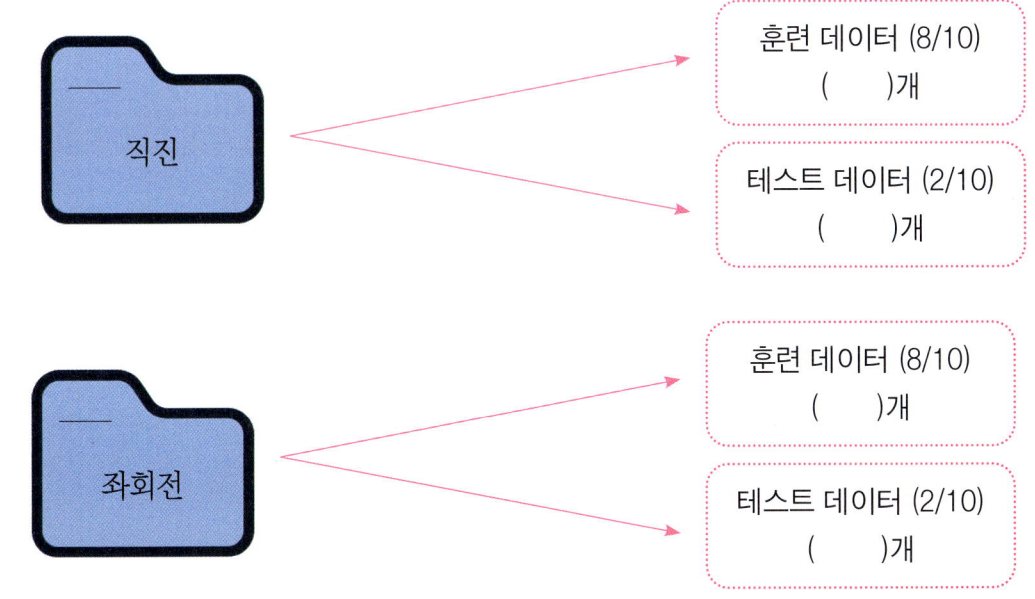

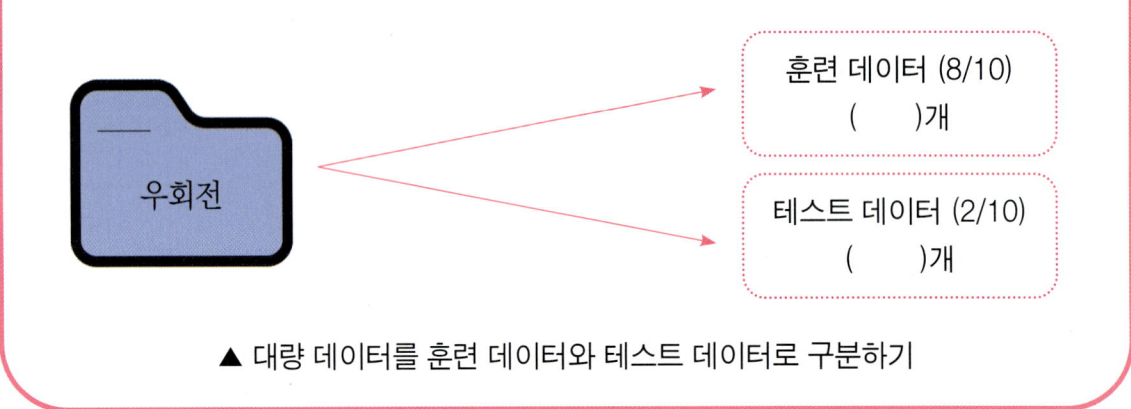

▲ 대량 데이터를 훈련 데이터와 테스트 데이터로 구분하기

Q1 한 레이블에 있는 데이터가 500개라고 한다면, 훈련 데이터와 테스트 데이터는 각각 몇 개씩이어야 하는지 식과 답을 적어주세요.

식 _____ 답 _____

식 _____ 답 _____

실습하기

1. 탭 영역에서 "+"를 클릭하여 탭을 추가한 후, 탭 이름을 "데이터 준비하기"로 변경합니다.

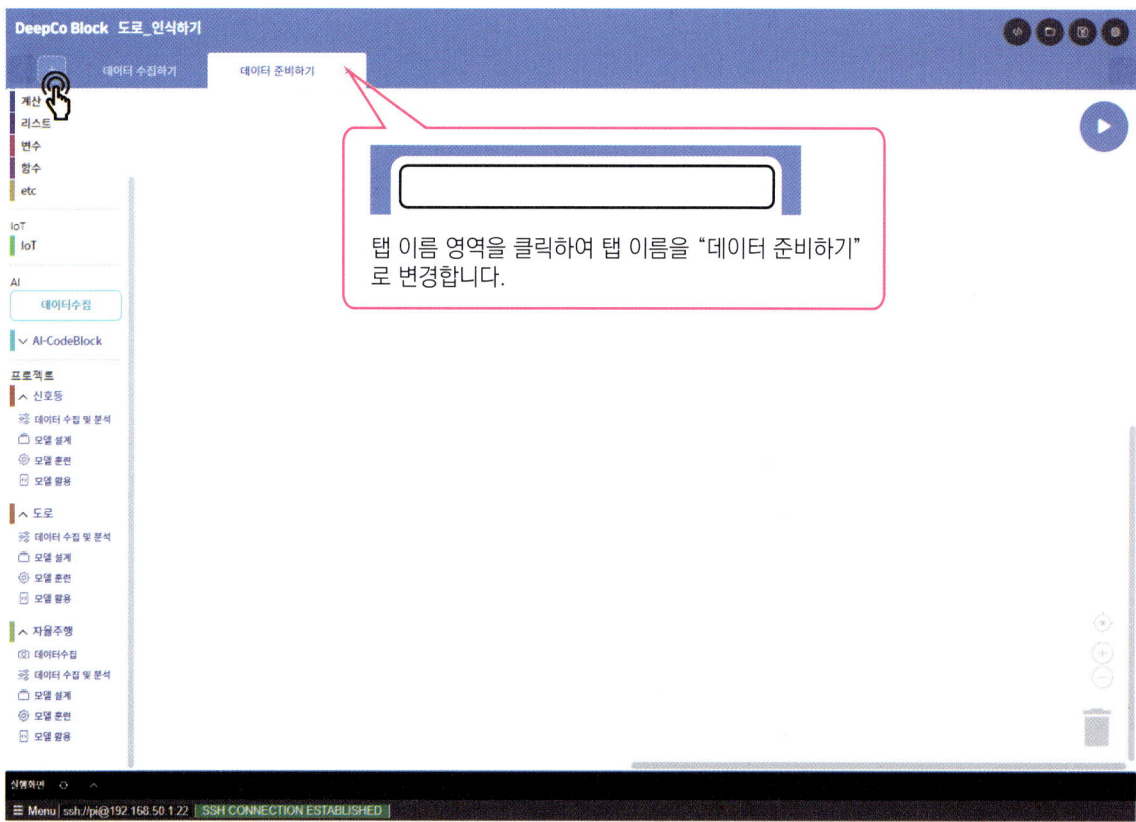

탭 이름 영역을 클릭하여 탭 이름을 "데이터 준비하기"로 변경합니다.

제6장 자율주행 자동차 만들기_도로 인식하기

2. 딥코 블록의 블록 영역에서 "프로젝트 > 도로 > 데이터 수집 및 분석"을 클릭하여, 도로 데이터 준비를 위해 필요한 블록을 확인합니다.

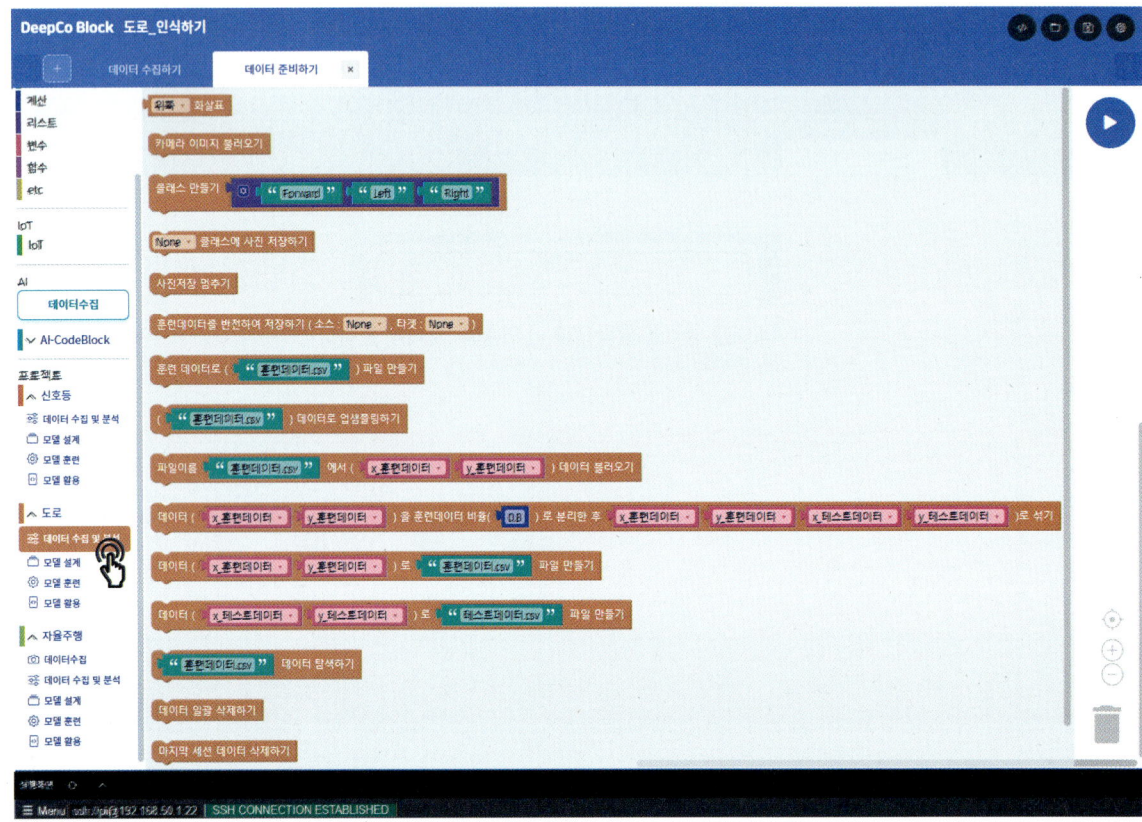

3. "데이터 수집 및 분석"에 있는 블록을 이용하여 다음과 같이 코딩한 후, 실행합니다.

* "블록 복사 그룹" 블록은 블록영역의 "etc" 메뉴에 있습니다.

170　이미지 인식과 자율주행

① 도로 이미지는 좌회전을 반전하면 우회전이 되고, 우회전을 반전하면 좌회전이 됩니다. 이러한 특징을 이용하여 자율주행 성능을 높이기 위해 이미지를 반전하여 학습 데이터의 양을 늘려서 훈련 데이터를 CSV 형식의 파일로 저장합니다.

② 직진, 좌회전, 우회전의 데이터 비율을 동일하게 하기 위해 데이터의 양이 많은 레이블에 맞춰 데이터가 적은 레이블의 데이터의 수를 늘려주는 블록입니다. 이러한 과정을 *업샘플링이라고 합니다.

③ 대량의 데이터를 훈련 데이터와 테스트 데이터로 구분하기 위해 데이터를 불러오는 블록입니다.

④ 데이터를 훈련 데이터와 테스트 데이터로 구분하고, 데이터 섞기를 통해 순서나 특정 패턴에 편향이 생기지 않도록 하여 학습 안정성을 높일 수 있는 블록입니다.

⑤ 훈련 데이터와 테스트 데이터를 CSV 형식의 파일로 각각 저장하는 블록입니다.

⑥ 각 레이블별로 훈련 데이터와 테스트 데이터를 탐색하여 각각 몇 개씩 어떤 비율로 데이터가 준비되었는지 확인할 수 있는 블록입니다.

> **설명** 업샘플링(Up-sampling)이란 데이터 중에서 어떤 정보가 너무 적게 나오는 부분을 복제하거나 변형하여 늘리는 것을 말해요. 이런 방법을 쓰는 이유는 우리가 정보를 더 잘 이해하고 학습하기 위해서입니다.
> 예를 들어, 우리가 자동차 주행에 대한 학습을 한다고 했을 때, '직진'하는 경우의 정보는 많지만, '좌회전'이나 '우회전'하는 경우의 정보는 상대적으로 적을 수 있어요. 이런 경우, 컴퓨터는 '직진'하는 것만 잘 배우고, '좌회전'이나 '우회전'하는 것은 잘 배우지 못하게 될 수 있어요.
> 그래서 우리는 '좌회전'이나 '우회전'과 같이 부족한 정보를 복사하거나 약간 변형하여 늘려주는 업샘플링을 사용하게 되는 것이에요. 이렇게 하면, 컴퓨터는 모든 정보를 고르게 배울 수 있게 되어, 더 좋은 성능을 낼 수 있게 되는 것이죠!

4. 콘솔창을 통해 실행 결과를 확인합니다.

```
analysis file name : 훈련데이터.csv
Total data counts:   974
직진 data counts:   319 , ratio(%):   32.8
좌회전 data counts:   324 , ratio(%):   33.3
우회전 data counts:   331 , ratio(%):   34.0
```

분석할 파일 이름 : 훈련데이터.csv
전체 데이터 수 : 974
직진 데이터 수 : 319, 비율(%) : 32.8
좌회전 데이터 수 : 324, 비율(%) : 33.3
우회전 데이터 수 : 331, 비율 (%) : 34.0

```
analysis file name : 테스트데이터.csv
Total data counts:   243
직진 data counts:   86 , ratio(%):   35.4
좌회전 data counts:   82 , ratio(%):   33.7
우회전 data counts:   75 , ratio(%):   30.9
```

분석할 파일 이름 : 테스트데이터.csv
전체 데이터 수 : 243
직진 데이터 수 : 86, 비율(%) : 35.4
좌회전 데이터 수 : 82, 비율(%) : 33.7
우회전 데이터 수 : 75, 비율 (%) : 30.9

 4. 모델 설계하기

도로 데이터를 훈련하기 위한 인공신경망을 설계하는 단계입니다. 신호등 인식할 때 사용했던 설계도와 같은 CNN 알고리즘(합성곱 신경망)이라고 불리는 인공신경망을 사용합니다. 같은 이미지 인식 모델로 도로도 잘 구분할 수 있을까요?

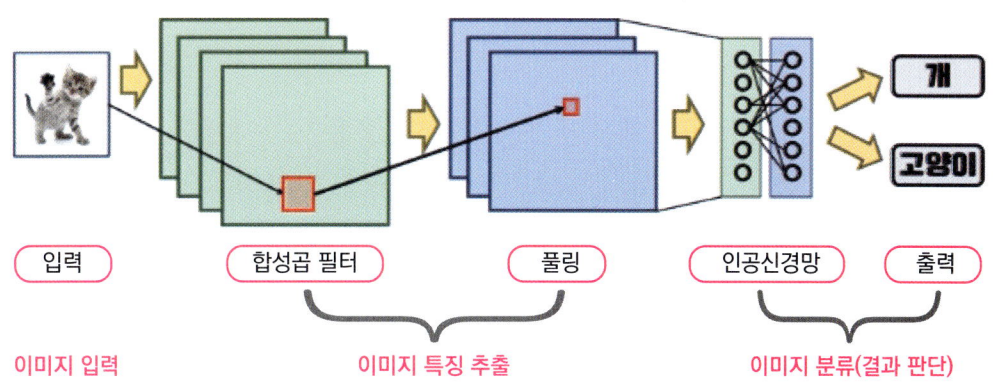

딥코 블록의 인공지능 블록을 통해 CNN 알고리즘을 구성 후 이미지 분류 모델을 설계합니다.

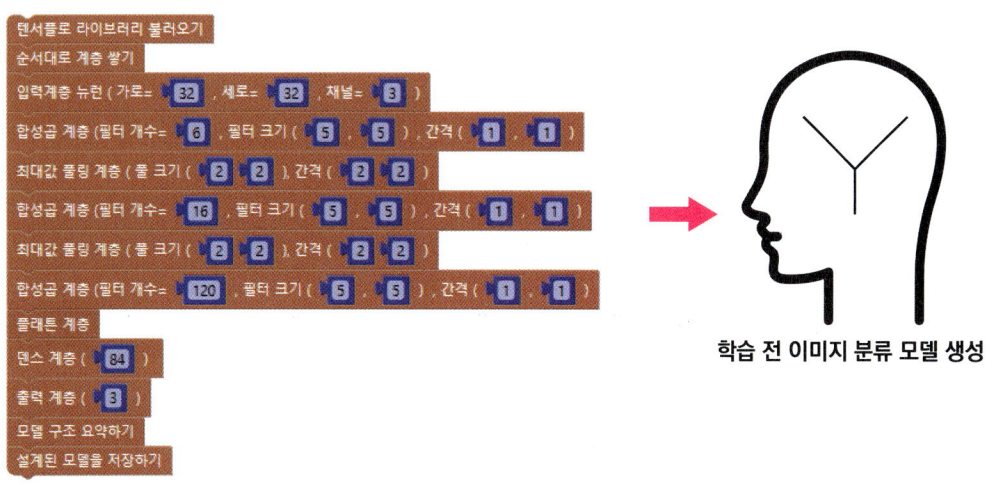

▲ 인공지능 모델 설계하기

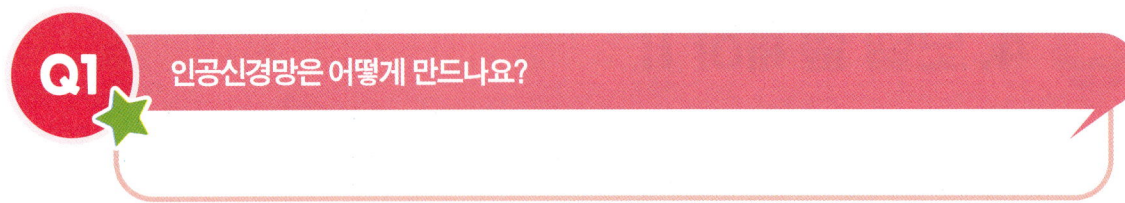

실습하기

1. 탭 영역에서 "+"를 클릭하여 탭을 추가한 후, 탭 이름을 "모델 훈련하기"로 변경합니다.

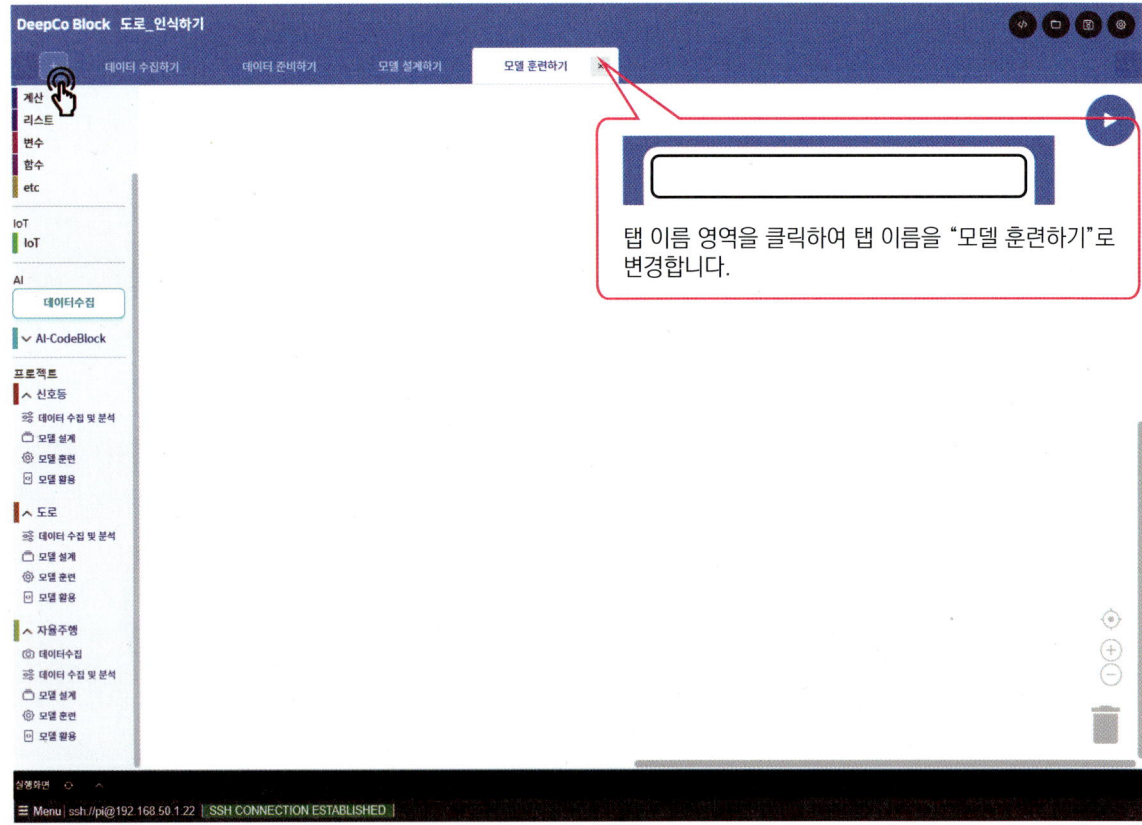

탭 이름 영역을 클릭하여 탭 이름을 "모델 훈련하기"로 변경합니다.

2. 딥코 블록의 블록 영역에서 "프로젝트 > 도로 > 모델 훈련"을 클릭하여, 모델 훈련하기에 필요한 블록을 확인합니다.

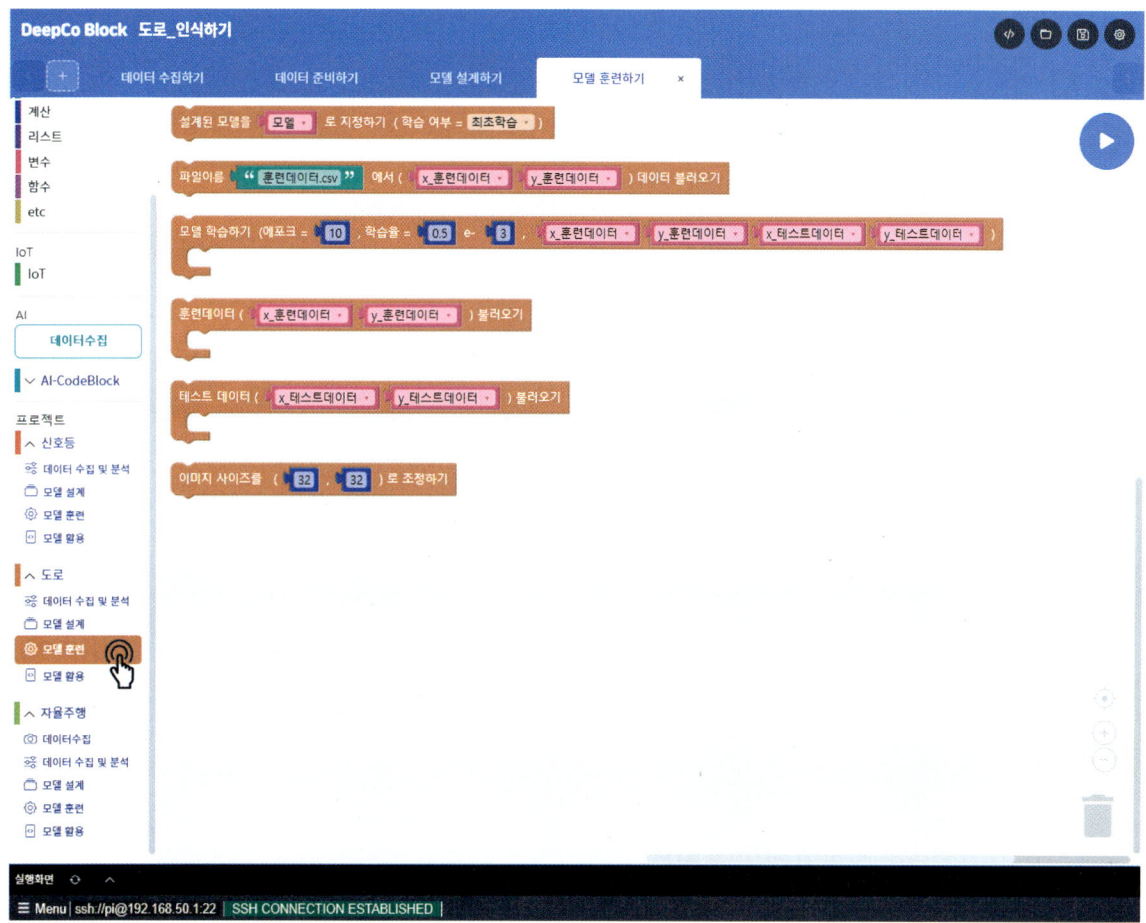

제6장 자율주행 자동차 만들기_도로 인식하기 175

3. "**모델 훈련**"에 있는 블록을 이용하여 다음과 같이 코딩한 후, 실행합니다.

```
01  텐서플로 라이브러리 불러오기
    순서대로 계층 쌓기
02  입력계층 뉴런 ( 가로= 32 , 세로= 32 , 채널= 3 )
03  합성곱 계층 (필터 개수= 6 , 필터 크기 ( 5 , 5 ), 간격 ( 1 , 1 ))
    최대값 풀링 계층 ( 풀 크기 ( 2 , 2 ), 간격 ( 2 , 2 ))
    합성곱 계층 (필터 개수= 16 , 필터 크기 ( 5 , 5 ), 간격 ( 1 , 1 ))
    최대값 풀링 계층 ( 풀 크기 ( 2 , 2 ), 간격 ( 2 , 2 ))
    합성곱 계층 (필터 개수= 120 , 필터 크기 ( 5 , 5 ), 간격 ( 1 , 1 ))
04  플래튼 계층
05  덴스 계층 ( 84 )
06  출력 계층 ( 3 )
    모델 구조 요약하기
    설계된 모델을 저장하기
```

① 인공지능 코딩을 위해 텐서플로 라이브러리를 불러오는 블록입니다.

② 32×32 사이즈의 이미지 파일의 정보를 입력할 수 있도록 하는 뉴런을 구성하는 블록입니다.

③ 합성곱 계층 블록을 이용해 필터를 적용하면서 이미지 특징을 추출하고 최대값 풀링 계층 블록은 이미지 축소를 통해 이미지의 특징을 요약하여 연산량을 줄여줍니다. 필터 개수를 16, 120개로 늘려가며 점점 자세한 특징을 추출합니다.

④ CNN 알고리즘은 이미지와 같은 2D 입력 데이터를 다루기 때문에 합성곱 계층을 통해 만들어진 다차원 특징맵을 1차원 벡터로 변환하는 블록입니다.

⑤ 이미지가 입력되었을 때 해당 이미지가 어떤 레이블에 해당하는지 분류하기 위해 각각의 특징을 가지고 있는 뉴런을 연결하는 블록입니다.

⑥ 입력된 이미지의 예측된 결과를 출력하는 블록입니다. 출력 계층 블록에서 숫자 값은 레이블의 개수를 의미합니다. 레이블의 개수에 맞춰 숫자를 입력합니다. 도로 인식하기 실습에서는 직진, 좌회전, 우회전 세 개의 레이블이 사용되므로 3을 입력하면 됩니다.

4. 콘솔창을 통해 실행 결과를 확인합니다.

```
Layer (type)                    Output Shape              Param #
=================================================================
conv2d (Conv2D)                 (None, 28, 28, 6)         456

max_pooling2d (MaxPooling2D     (None, 14, 14, 6)         0
)

conv2d_1 (Conv2D)               (None, 10, 10, 16)        2416

max_pooling2d_1 (MaxPooling     (None, 5, 5, 16)          0
2D)

conv2d_2 (Conv2D)               (None, 1, 1, 120)         48120

flatten (Flatten)               (None, 120)               0

dense (Dense)                   (None, 84)                10164

dense_1 (Dense)                 (None, 3)                 255

=================================================================
Total params: 61,411
Trainable params: 61,411
Non-trainable params: 0
```

- 실행 결과를 확인하여 각 계층 별 파라미터의 수를 확인합니다.
- 신호등 인식하기의 모델 생성 결과와 비교하면 어떤 차이가 있나요?

신호등을 학습한 뇌에 이어서 도로 이미지를 학습시킬 "뇌"도 이렇게 만들어졌습니다!

5. 모델 훈련하기

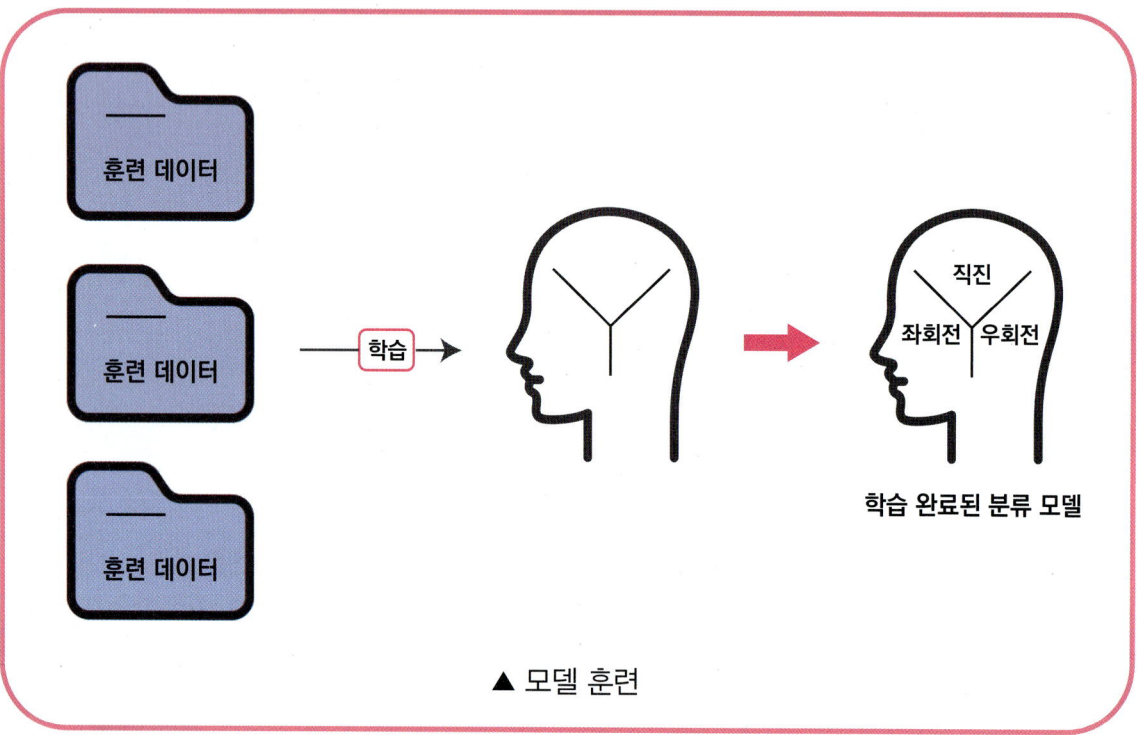

▲ 모델 훈련

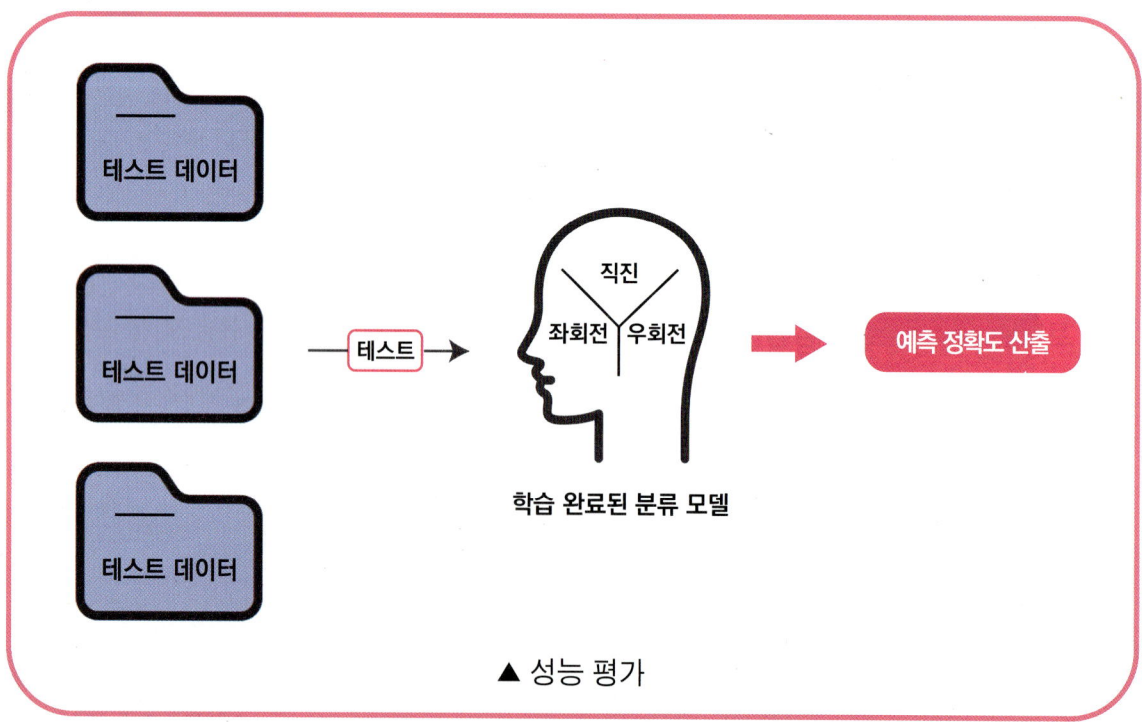

▲ 성능 평가

실습하기

1. 탭 영역에서 "+"를 클릭하여 탭을 추가한 후, 탭 이름을 "모델 훈련하기"로 변경합니다.

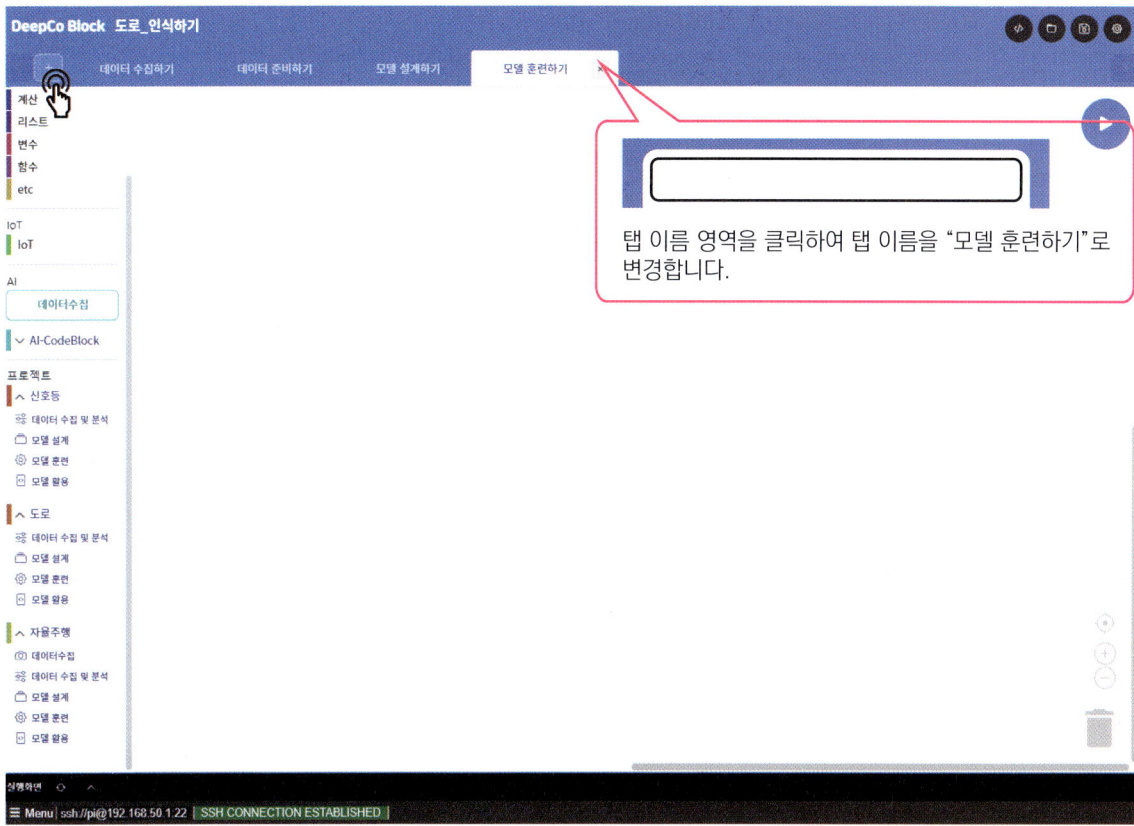

탭 이름 영역을 클릭하여 탭 이름을 "모델 훈련하기"로 변경합니다.

2. 딥코 블록의 블록 영역에서 "프로젝트 > 도로 > 모델 훈련"을 클릭하여, 모델 훈련하기에 필요한 블록을 확인합니다.

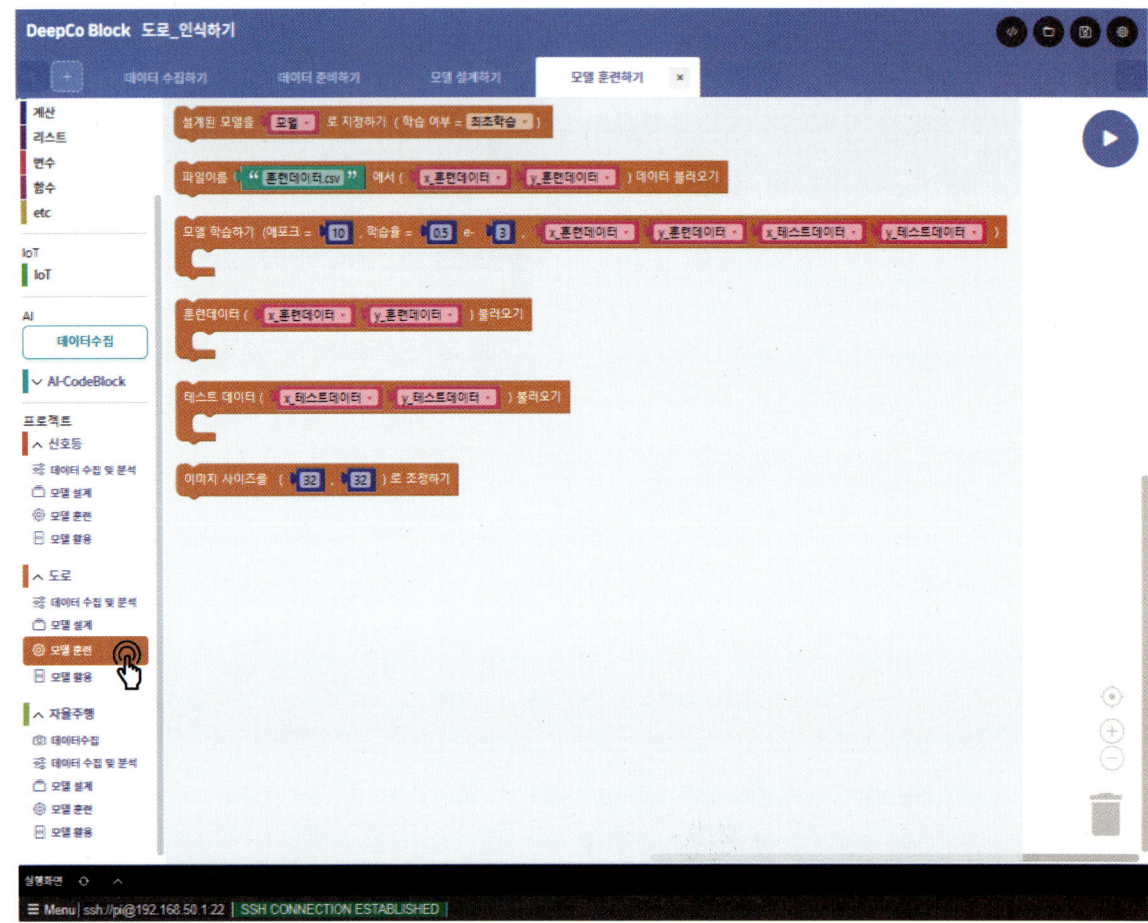

3. "모델 훈련"에 있는 블록을 이용하여 다음과 같이 코딩한 후, 실행합니다.

① 앞에서 설계한 모델을 지정하는 블록입니다. 도로 인식을 위한 데이터는 양이 많기 때문에 학습하는 데 많은 시간이 소요됩니다. 따라서, 최초 학습일 경우에는 학습 여부에서 "최초학습"으로 도로 분류 모델을 학습시키고, 성능을 높이기 위해 추가로 학습시킬 경우에는 "추가학습"을 선택하세요. "추가학습"을 선택하면 기존의 학습한 결과는 그대로 유지한 상태로 추가로 학습하여 성능을 높일 수 있습니다.

② 앞에서 준비한 훈련 데이터와 테스트 데이터를 불러오는 블록입니다.

③ 준비된 데이터를 인공지능에 학습시키는 블록입니다. 에포크(학습 횟수)는 전체 데이터를 반복적으로 학습하는 횟수입니다. 데이터의 양, 종류 등에 따라 학습 횟수를 설정합니다. 학습이 완료되면 직진, 좌회전, 우회전을 분류할 수 있는 도로 분류 모델이 만들어집니다.

4. 콘솔창을 통해 실행 결과를 확인합니다.

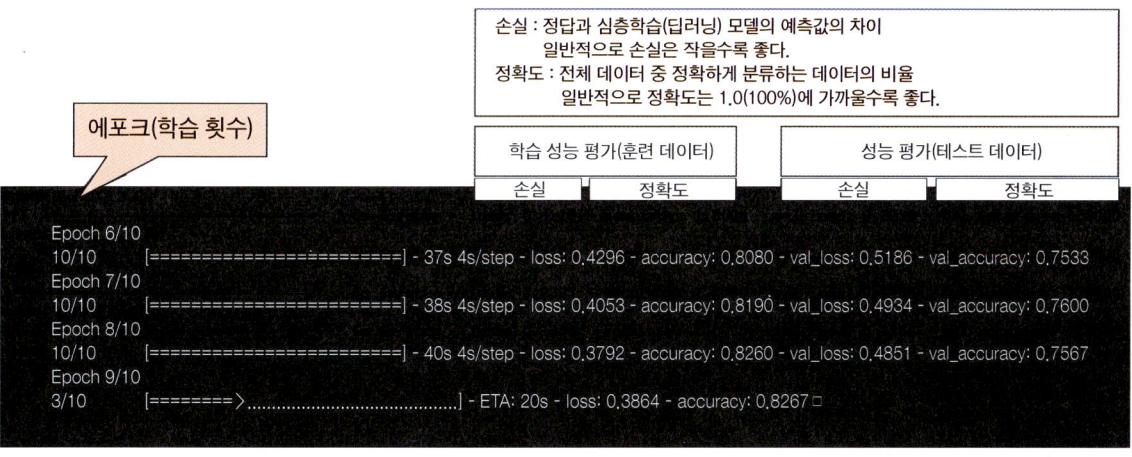

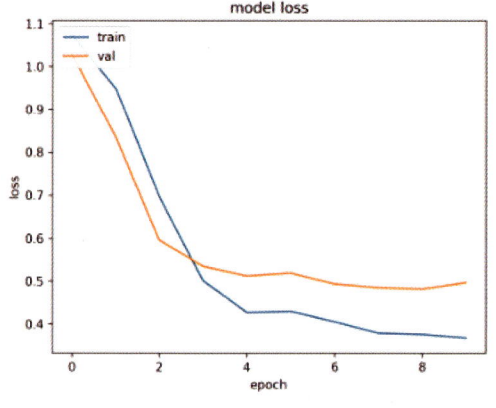
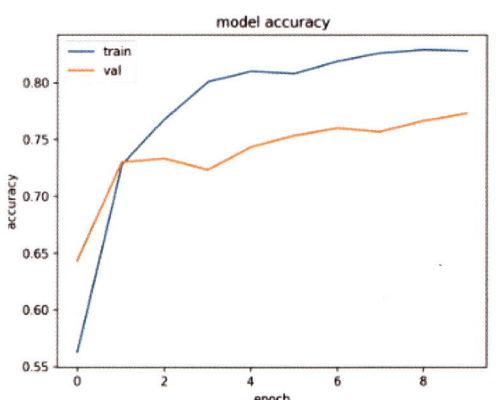

실행이 완료되면, 훈련 분석 결과를 그래프로 확인할 수 있습니다. 손실(loss)과 정확도(accuracy)가 에포크(학습 횟수)마다 어떻게 변화하는지 살펴봅시다.
손실이 높거나 정확도가 낮은 경우, 에포크(학습 횟수)의 값을 높여서 다시 실행합니다.

6. 모델 활용하기

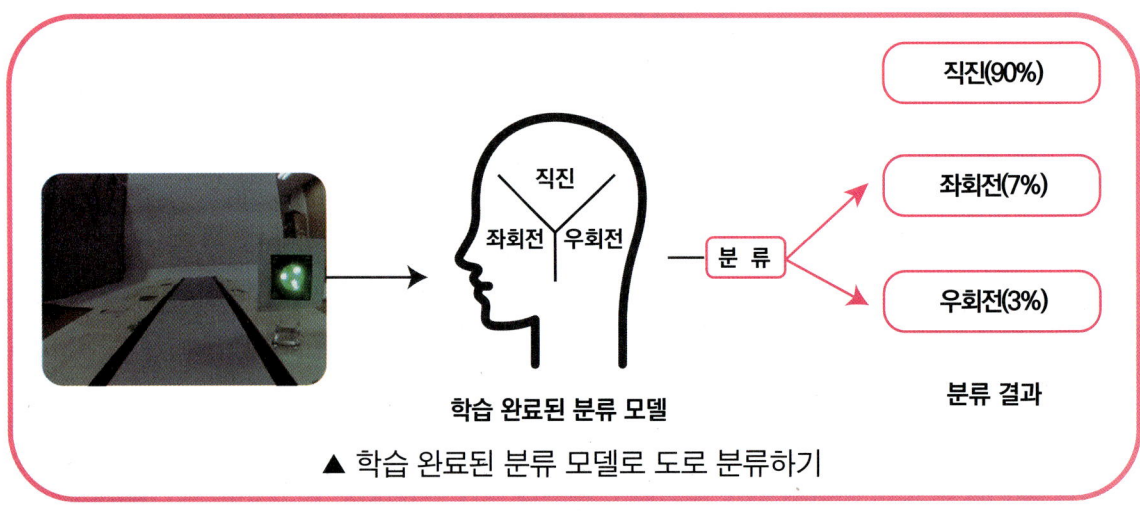

▲ 학습 완료된 분류 모델로 도로 분류하기

▲ 도로의 모양을 분류하는 모델을 활용하여 도로를 인식하는 딥코봇 만들기

실습하기

1. 탭 영역에서 "+"를 클릭하여 탭을 추가한 후, 탭 이름을 "모델 활용하기"로 변경합니다.

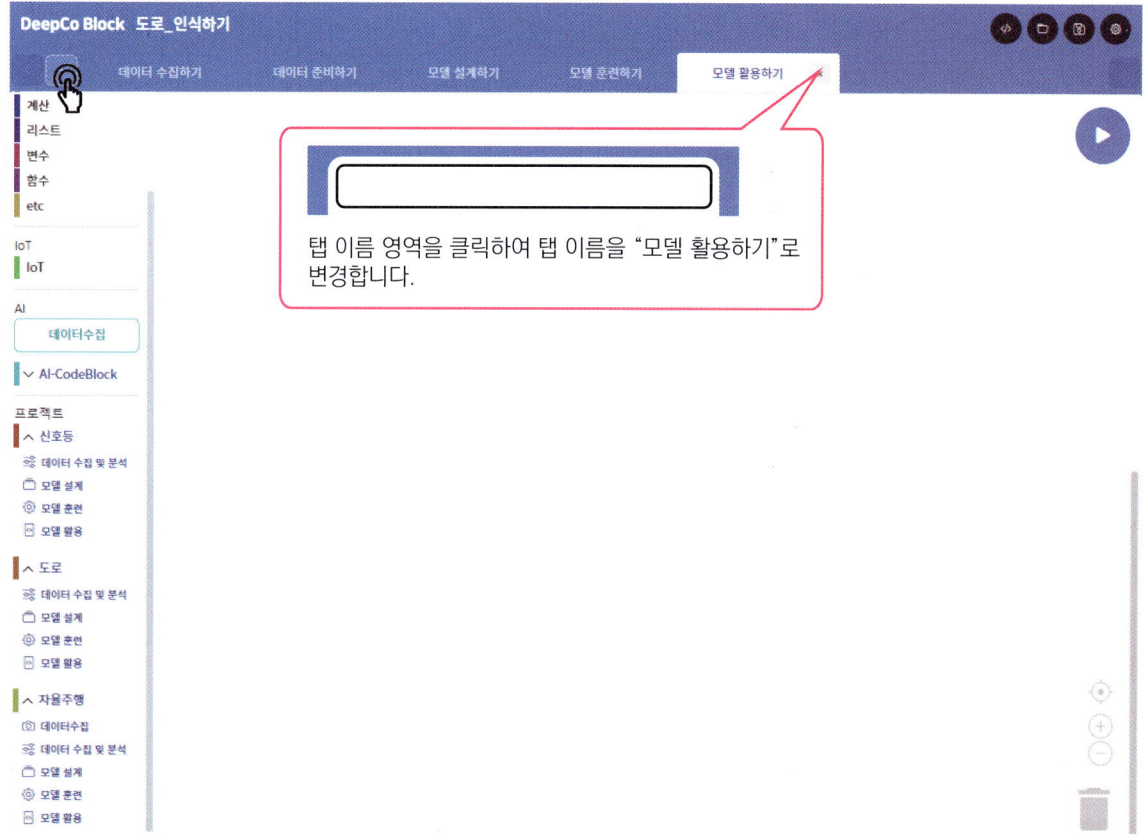

2. 딥코 블록의 블록 영역에서 "프로젝트 > 도로 > 모델 활용"을 클릭하여, 모델 훈련하기에 필요한 블록을 확인합니다.

3. "**모델 활용**"에 있는 블록을 이용하여 다음과 같이 코딩한 후, 실행합니다.

[코드 블록 이미지]

* DC모터, 서보모터 등 딥코봇의 장치를 움직이는 블록은 블록 영역의 "IoT" 메뉴에 있습니다.

① 인공지능 코딩을 위해 텐서플로 라이브러리를 불러오는 블록입니다.

② 도로 학습이 완료된 도로 분류 모델을 불러오는 블록입니다. "None"으로 되어있는 프로젝트명을 클릭하여 해당 프로젝트인 "도로_인식하기"를 선택합니다.

③ 딥코봇의 속도를 조정하는 블록입니다. 최소 20 이상의 값을 가질 때 딥코봇이 움직일 수 있습니다.

④ 주행 전 딥코봇이 직진할 수 있도록 서보모터를 가운데로 정렬하는 블록입니다.

⑤ 프로그램 실행을 중지할 때까지 딥코봇이 계속해서 도로 인식하며 움직일 수 있도록 반복하는 블록입니다.

⑥ 딥코봇의 카메라가 도로 사진을 찍어 이미지로 저장하도록 하는 블록입니다. 이 이미지는 도로 분류 모델이 예측할 새로운 데이터가 됩니다.

⑦ 딥코봇의 카메라로 찍은 도로 이미지를 예측하는 블록입니다.

⑧ 도로 분류 모델의 분류 결과 블록을 이용하여, 분류한 결과가 "직진"이면 DC모터를 앞으로 움직이고, 서보모터를 가운데 방향으로 하여 딥코봇이 직진할 수 있도록 합니다.

⑨ 도로 분류 모델의 분류 결과 블록을 이용하여, 분류한 결과가 "좌회전"이면 DC모터를 앞으로 움직이고, 서보모터를 왼쪽 방향으로 하여 딥코봇이 좌회전할 수 있도록 합니다.

⑩ 도로 분류 모델의 분류 결과 블록을 이용하여, 분류한 결과가 "우회전"이면 DC모터를 앞으로 움직이고, 서보모터를 오른쪽 방향으로 하여 딥코봇이 우회전할 수 있도록 합니다.

4. 도로 분류 모델을 활용하여 분류한 결과에 따라 딥코봇이 올바르게 움직이는지 "결과 예측" 버튼을 클릭하여 확인합니다.

"결과 예측" 버튼을 클릭하면 결과 예측창이 실행됩니다. 결과 예측창에서 "실행" 버튼을 클릭해주세요.

결과 예측

> "실행" 버튼을 누르면 웹캠 영역에 딥코봇의 카메라를 통해 보여지는 화면이 보입니다. 인공지능 예측 결과 영역에서 딥코봇이 신호등 분류를 잘하고 있는지 확인해 보세요.

딥코봇이 도로 분류 모델을 활용하여 분류 결과에 따라 직진, 좌회전, 우회전을 잘 구분하며 도로를 벗어나지 않고 자율주행에 성공했나요?

우리는 이미지를 인식하는 딥러닝을 통해 도로를 인식하여 도로를 벗어나지 않고 자율주행을 하는 것은 물론, 신호등의 신호까지 구분할 수 있는 딥코봇을 만들어 보았습니다.

이렇게 신호등을 분류하는 모델과 도로를 분류하는 모델이 만들어졌는데요. 이 두 모델을 복합적으로 사용해서 자율주행과 동시에 신호등까지 인식하는 아주 똑똑한 딥코봇을 만드는 것에 도전해 볼까요?

응용

실습을 통해 생성한 신호등 분류 모델과 도로 분류 모델을 다중으로 활용하여, 자율주행을 하면서 신호등의 신호를 구분할 수 있는 딥코봇을 만들어 봅니다.
(샘플 프로젝트의 "샘플_신호등과_도로_분류" 프로젝트를 참고하세요).

우리는 자동차를 운전하면서 신호등, 도로차선, 그리고 교통법규를 지켜야 합니다. 이것들은 운전 중에 모든 판단이 이루어지는 중요한 요소들이에요. 예를 들어, 신호등은 도로 위에서 우리에게 다양한 정보를 전달해 줍니다. 빨간불은 멈추어야 할 시간을 알려주고, 초록불은 출발해도 되는 시간을 알려줘요. 운전자는 항상 신호등의 상태를 주시하고, 그에 따라 적절히 운전을 조절합니다. 또한, 도로차선은 운전 중에 차들이 정확하게 주행할 수 있도록 도와줍니다. 도로 위에 그어진 차선들을 따라 운전하면 다른 차와의 충돌을 예방할 수 있어요. 운전자는 차선을 바로 유지하며 안전하고 정확한 주행을 합니다.

그리고, 인공지능도 마찬가지입니다. 자율주행을 위한 인공지능은 도로 분류 모델, 신호등 분류 모델 등 다양한 모델들을 활용하여 도로의 상황을 판단해야 합니다. 이 모델들은 서로 협력하여 운전 중에 필요한 판단을 내립니다. 따라서, 실생활의 도로 운전과 같이 여러 가지 인공지능 모델들의 복합적 판단이 이루어져야 자율주행이 가능하답니다.

목표 설정 - 딥코봇이 도로 모양에 따라 스스로 도로주행하면서 신호등을 인식하여 빨간불일 때 멈추고 초록불일 때 계속 진행하도록 한다.

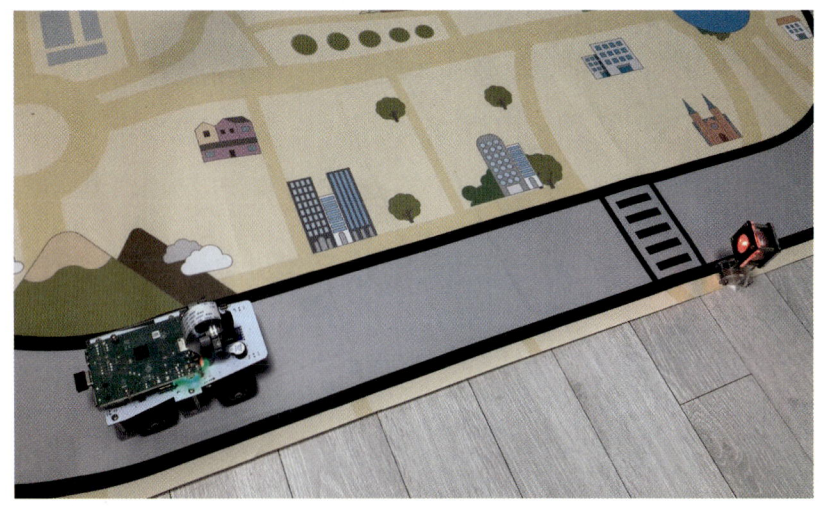

PART 07

인공지능과 윤리

01 인공지능과 윤리

인공지능을 올바르게 활용하면 우리 생활을 아주 편리하게 해주는 좋은 도구가 됩니다. 하지만, 인공지능을 올바르게 활용하지 못하면 다양한 문제가 발생할 수 있습니다. 이번 차시에서는 인공지능을 올바르게 사용하기 위한 인공지능과 윤리에 대해서 배워보겠습니다.

1. 딥페이크(deepfake)

딥페이크(deepfake) 알아보기

바로가기

딥페이크(deepfake)는 인공지능 기술을 사용하여 사람의 얼굴이나 음성을 합성, 조작하는 기술입니다. "딥"은 딥러닝(Deep Learning) 기술을 의미하며, "페이크"는 가짜를 의미합니다.

이 기술은 대량의 데이터와 딥러닝 알고리즘을 이용하여 사람의 얼굴이나 음성을 분석하고, 그 정보를 기반으로 실제와 거의 구별할 수 없는 가짜 영상이나 음성을 생성합니다.

딥페이크는 주로 얼굴 합성을 통해 사용됩니다. 예를 들어, 딥페이크를 사용하여 유명인의 얼굴을 다른 사람의 몸에 합성하거나, 영화나 드라마 등에서 캐릭터의 얼굴을 실제 배우가 아닌 다른 배우의 얼굴로 대체하는 등의 용도로 사용될 수 있습니다.

딥페이크의 기술적 발전은 영상 편집 기술의 한계를 뛰어넘어 사실과 가짜의 경계를 모호하게 만들 수 있습니다. 그러나 딥페이크는 악의적인 용도로도 사용될 수 있으며, 사기, 명예 훼손, 음란물 유포 등의 문제를 야기할 수 있습니다.

참고 영상

https://www.youtube.com/watch?v=XookpKB_FiI

참고 기사

https://www.donga.com/news/Inter/article/all/20230523/119441164/1

2. 학습 과정에서의 데이터 편향성

인공지능은 빅데이터라고 불리는 무수히 많은 데이터로 학습합니다. 데이터 편향성은 인공지능의 훈련 데이터가 특정 그룹이나 특징에 대해 편향되어 있는 경우를 의미합니다. 이는 인공지능이 훈련 데이터에 내포된 편견을 학습하고 그 편견을 반영하여 결정을 내릴 수 있음을 의미합니다.

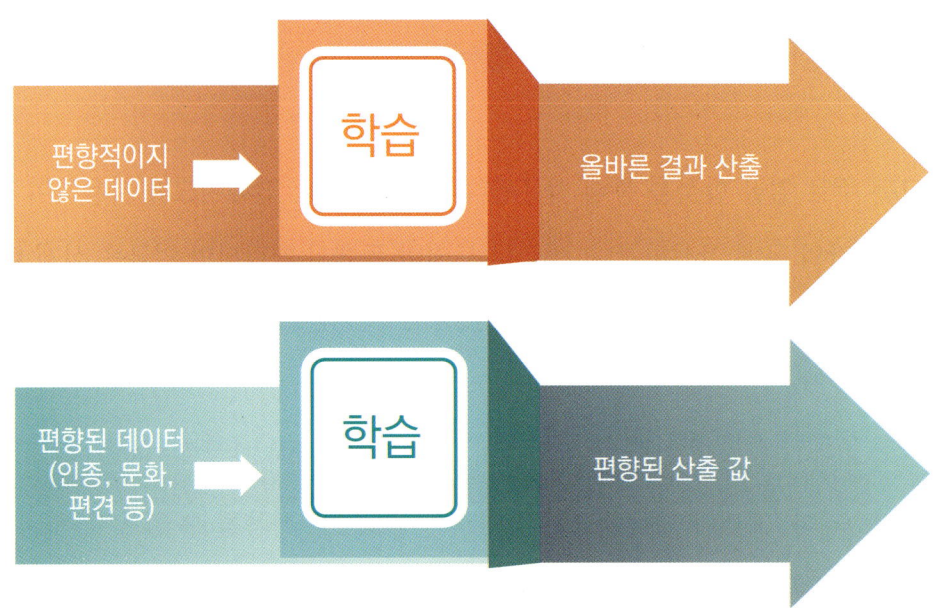

▲ 데이터 편향성과 인공지능의 결정

예를 들어, 훈련 데이터가 특정 집단의 데이터로 편향되어 있다면 인공지능은 특정 집단의 편향된 사고를 학습할 것입니다. 편향된 데이터로 학습한 인공지능은 그 집단의 편향된 사고를 바탕으로 결정을 내리게 될 것입니다.

데이터 편향성의 대표적인 예시는 다음과 같습니다.

성별 편향

성별에 따라 데이터가 부족하거나 편향되어 있는 경우, 인공지능 모델은 성별에 기반한 결정을 내릴 때 편향된 결과를 도출할 수 있습니다. 예를 들어, 채용 과정에서 성별에 따라 편향된 채용 결정을 내릴 수 있습니다.

인종 편향

훈련 데이터가 특정 인종에 대해 부족하거나 편향되어 있는 경우, 인공지능 모델은 인종에 기반한 판단이나 예측을 할 때 편향된 결과를 도출할 수 있습니다. 이는 범죄 예측, 금융 신용 평가 등의 경우에도 문제가 될 수 있습니다.

지역 편향

데이터가 특정 지역이나 문화적 배경에 집중되어 있는 경우, 모델은 해당 지역에 대해서만 적합한 결과를 도출할 수 있습니다. 이는 다른 지역이나 문화에 적용할 때 부정확한 예측을 가져올 수 있습니다.

사회경제적 편향

데이터가 특정 사회경제적 그룹에 대해서만 편중되어 있는 경우, 인공지능 모델은 부유한 그룹이나 특정 사회 계층에 대한 결정을 내릴 때 편향된 결과를 도출할 수 있습니다. 이는 대출 심사, 보험 가입 등에서 문제가 될 수 있습니다.

 3. 자율주행차의 결정(트롤리 딜레마)

트롤리 딜레마는 윤리학에서 자주 논의되는 윤리적인 딜레마 중 하나입니다. 사람들에게 브레이크가 고장 난 트롤리 상황을 제시하고 어떤 선택을 할지 판단하게 하는 것입니다. 다음은 대표적인 트롤리 딜레마 이야기*입니다.

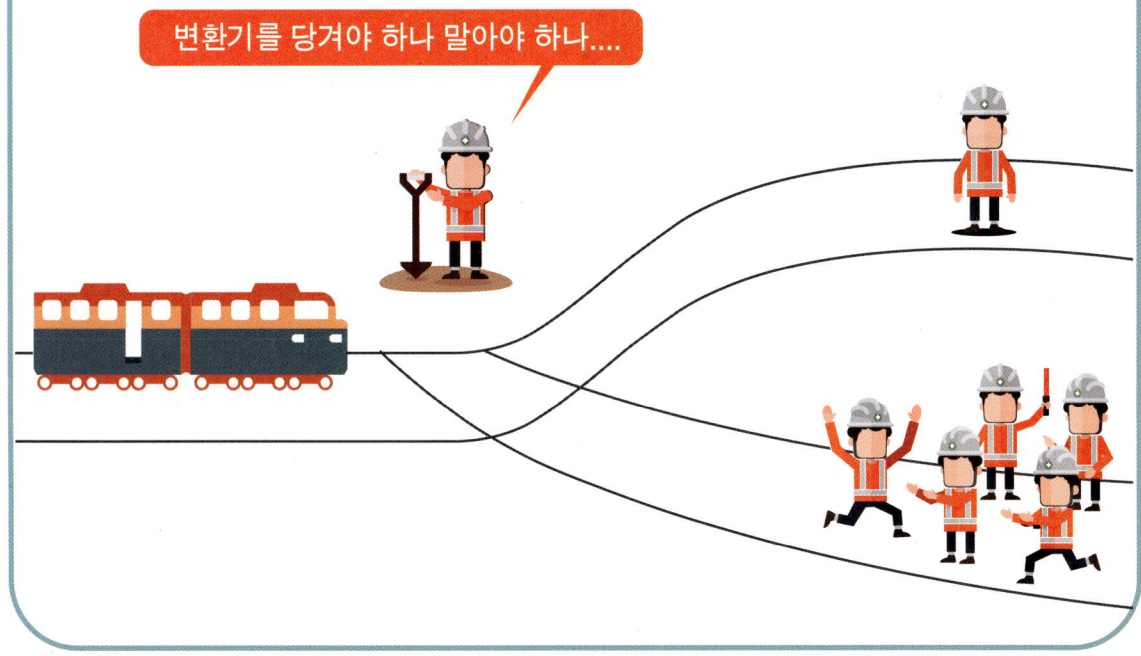

브레이크가 고장 난 트롤리 기차가 달리고 있다. 레일 위에는 5명의 인부가 일을 하고 있는데, 트롤리가 이대로 달린다면 5명은 반드시 죽게 될 것이다. 한 가지 방법은 레일변환기로 트롤리의 방향을 바꾸는 것뿐이다. 그런데 다른 레일 위에는 1명의 인부가 있다. 당신은 트롤리의 방향을 바꿀 것인가?

* [네이버 지식백과] 트롤리 딜레마 (상식으로 보는 세상의 법칙 : 심리편, 이동귀)

　자율주행 자동차를 만들기 위해서는 위와 같은 다양한 딜레마 상황에 대한 대처 방안이 사람이 어떻게 인공지능을 만드느냐에 따라 결정되게 됩니다. 이러한 대처 방안을 개인 혼자서 결정한다면 옳은 일일까요? 또, 어떤 선택을 하는 것이 올바른 선택일까요? 아래 사이트에서 여러분이 자율주행 자동차 개발자가 되어 다양한 딜레마 상황에 대해 선택을 해보세요!

체험해보기　https://www.moralmachine.net/hl/kr

- **모범 정답의 예**

  PART 01 인공지능 딥코봇을 소개합니다 198

  PART 02 인공지능, 너의 정체를 알려줘 198

  PART 03 인공지능, 인간의 뇌를 흉내내다 199

  PART 05 자율주행 자동차 만들기 (신호등 인식하기) 199

  PART 06 자율주행 자동차 만들기 (도로 인식하기) 199

- **미션 완료 스티커** 202

• 모범 정답의 예

PART 01 인공지능 딥코봇을 소개합니다.

01 인공지능이 궁금해! p.12

P1 : 명령, 명령
A1 : 데이터, 데이터, 학습, 스스로

02 인공지능 딥코봇을 소개합니다. p.37

Q1 :
Q2 : 1. 카메라
Q3 : 4. 얼굴이미지데이터를 수집한다.

PART 02 인공지능, 너의 정체를 알려줘

01 인공지능의 역사 pp.41~42

알파고 : 약한 인공지능 (∵ 바둑게임에만 특화되어 있음)
siri : 약한 인공지능 (∵ 텍스트 생성과 대화에만 특화되어 있음)
chatgpt : 약한 인공지능 (∵ 텍스트 생성과 대화에만 특화되어 있음)
아이언맨 자비스 : 강한 인공지능 (∵ 사람처럼 다양한 작업을 수행하고 새로운 환경에 적응할 수 있음)
터미네이터 : 강한 인공지능 (∵ 사람처럼 다양한 작업을 수행하고 새로운 환경에 적응할 수 있음)
snapchat 얼굴 필터 : 약한 인공지능 (∵ 얼굴을 인식하는 기능이 특화되어 있음)
자율주행 자동차 : 강한 인공지능 (∵ 차량운전과 관련된 기능만 특화되어 있음)
Netflix 추천시스템 : 강한 인공지능 (∵ 영화와 TV 프로그램 추천에 특화되어 있음)
유튜브 알고리즘 : 강한 인공지능 (∵ 동영상 추천기능만 특화되어 있음)

03 머신러닝 p.46

Q1 : 5
Q2 : 5

pp.50~51

Q1 : 안경 쓴 사람과 안 쓴 사람으로 각각 그룹화 됐습니다.
Q2 : 정답 : 비지도 학습
이유 : 아이폰 사진첩에 특정 얼굴에 대한 레이블(이름)을 따로 입력하지 않았음에도 아이폰이 스스로 인물별로 사진들을 그룹화 했기때문입니다. (알고리즘이 사진 속 얼굴들의 특징을 추출하여 유사한 특징을 가진 얼굴끼리 그룹화를 할 수 있습니다. 이 경우 사용자로부터 명시적인 레이블을 받지 않아도, 알고리즘이 스스로 얼굴을 구분해 나가므로 비지도 학습에 해당됩니다.)

04 실습 p.60

Q1 : 30개의 데이터를 학습한 인공지능
Q2 : 인공지능에 가능한 많은 데이터를 학습시킵니다.
Q3 : 바닷속의 다양한 생물들을 바르게 분류할 수 없습니다. 인공지능은 물고기와 물고기 아님으로만 판단할 수 없기때문에 다른 해양 생물들을 물고기 아님으로 분류할 것 같습니다.
Q4 : 바닷속에 있는 게 맞습니까?

p.61

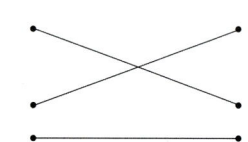

PART 03 인공지능, 인간의 뇌를 흉내내다.

01 인공신경망 p.66

Q1 : b
Q2 : 뉴런, 뉴런, 노드
Q3 : b

03 콘볼루션 신경망

퀴즈 1 : 모두 정답 p.73
퀴즈 2 : 첫 번째 이미지 p.74

p.76
퀴즈 3 : soble-y 필터를 적용한 이미지에서 눈썹이 도드라집니다. 여자의 눈썹이 가로로 뻗어 있어 가로 경계선을 감지하는 sobel -y 필터에서 뚜렷하게 나타납니다.

04 실습 p.82

⑥ ♪ : 합성곱 필터는 사진에서 선이나 모서리 같은 특징적인 부분을 찾아줍니다. 그리고 그것들을 조합해서 복잡한 무언가를 알아볼 수 있습니다. 맥스풀링은 사이즈를 줄여 컴퓨터가 이미지를 빨리 배우고 판단할 수 있게 해줍니다.

PART 05 자율주행 자동차 만들기
(신호등 인식하기)

01 신호등 인식을 위한, 딥러닝을 해볼까?
  pp.122~123

Q1 : 빨간불이 켜진 신호등이 있는 이미지데이터와 파란불이 켜진 신호등이 있는 이미지데이터들이 필요합니다.
Q2 : 2번

p.131

Q1 : [식] 30 × 8/10 = 24
 [답] 24
 [식] 30 × 2/10 = 6
 [답] 6

p.138

Q1 : 딥코 블록의 인공지능 블록을 통해서 인공신경망을 직접 만들 수 있습니다.

PART 06 자율주행 자동차 만들기
(도로 인식하기)

01 도로 인식을 위한, 딥러닝을 해볼까? p.157

Q1 : 도로 이미지 데이터
Q2 : 2번
Q3 :

p.168

Q1 : [식] 500 × 8/10 = 400
 [답] 400
 [식] 500 × 2/10 = 100
 [답] 100

p.174

Q1 : 딥코 블록의 인공지능 블록을 통해서 인공신경망을 직접만들 수 있습니다.

부록 **199**